스웨덴에서 협동조합을 배우다

[일러두기]

1. 이 책의 원제는 『Co-operative Ideals and Problems』입니다. 한국어 판은 1937년 J. Downie가 영어로 옮겨 Co-operative Union Ltd.에서 출간한 개정판을 번역했습니다.

2. 저자의 각주는 따로 표시를 하지 않았습니다. 원역자의 각주는 (원역)으로, 한국어 역자의 각주는 (역)으로 표기했습니다.

아이쿱협동조합연구소 기획

스웨덴에서
협동조합을
배우다

전성기 스웨덴협동조합을 구축한 이론과 실제

아너스 오르네 지음 | **이수경** 옮김 | **최은주** 감수

그물코

차 례

감수의 글

 스칸디나비아 반도 동쪽에 남북으로 길게 자리 잡고 있는 스웨덴은 우리에게 멀지만 친숙한 이름이다. 1997년 외환 위기 이후 사회 양극화와 급속한 고령화로 인한 사회 문제를 해결하기 위한 논의 속에는 언제나 스웨덴 모델이 함께하고 있었다. 국민의 집으로 대변되는 보편적 복지 국가, 사회적 돌봄, 스웨덴 식 교육 개혁, 노사 합의 문화 등 그들의 사회민주주의적 개혁의 역사와 그 결과물을 우리 사회에 적용하고자 하는 소망이 스웨덴을 소개하는 다양한 출판물에 고스란히 담겨 있다. 그리고 협동조합기본법이 시행된 지 3년째 접어든 지금, 스웨덴은 협동조합의 성공과 위기 극복의 신화라는 또 하나의 이야기로 우리의 귀를 솔깃하게 만들고 있다.

 이 책은 한때 스웨덴 식료품 시장의 50퍼센트를 점유했던 스웨덴생협연합회(K.F.)가 처음 뿌리를 내리며 고군분투하던 시절을 함께 했던 실천가이자 사회민주주의 이론가 아너스 오르네가 스웨덴생협연합회 사무총장으로 일하면서 협동조합의 다양한 이슈를 정리한 내용을 담고 있다. 스웨덴 협동조합에 대한 영문 자료가 귀한 상황에서 스웨덴 협동조합의 초기 역사를 보여주는 이 책은 협동조합의 새로운 역사를 만들어 가는 시점에 놓인 우리에게 매우 소중한 자료다.

저자는 협동조합 조합원뿐만 아니라 협동조합에 대해 알지 못하는 일반인을 위해 "소비자협동조합이라는 사업 방식에 영향을 주는 사상과 문제점을 논하면서 협동조합 공동체의 특성에 대한 지식 향상에 공헌하기" 위해 책을 썼다고 밝힌다. 따라서 이 책은 소비자협동조합의 다양한 현상을 묘사하기 보다는, 협동조합 운동의 현장을 당시의 사회적 · 사상적 맥락에서 철학적으로 성찰하는 데 목적을 두고 있다.

아너스 오르네는 협동조합이 로치데일공정선구자조합으로부터 이어져 오는 외면적 특징을 공유하면서, 동시에 자유와 보편성이라는 협동조합의 정신을 실현하는 자주적 공동체임을 강조하면서 당시 사회 문제의 하나였던 독점 기업과 이를 사상적으로 뒷받침한 맨체스터 자유주의를 통렬하게 비판한다.

또한 협동조합과 국가의 관계에 대해서는 철저하게 무간섭주의로 일관함으로써 19세기 사상의 한 흐름을 이루었던 국가 사회주의와 마르크스주의에 명확한 선을 긋는다. 그는 사회 민주주의자로서 세상을 변화시키려는 열망을 협동조합의 다양한 이슈에 담아 보여 주고 있다. 이 책을 읽는 우리는 날카롭게 각을 세운 원칙주의자가 아닌, 이상을 꿈꾸고 실천한 자에게서 배어 나오는 절절함을 느끼게 된다.

스웨덴의 협동조합 운동은 영국과 마찬가지로 전통적인 상호 부조 문화라는 뿌리로부터 발전하였다. 최초의 협동조합은 농부들이 농사에 필요한 자재를 공동 구매하기 위해 1850년에 설립한 농업협동조합이다. 소비자협동조합도 이 시기에 조직되기 시작하였으나, 경제적으로 중요한 근대적 대중 운동으로 발전한 것은 1899년 스웨덴생협연합회(K.F.)가 출범하면서부터였다.

이 시기 스웨덴은 유럽의 다른 나라보다 늦게 시작된 산업화가 지나치게 빨리 진행되면서 급격한 사회 변화를 겪고 있었다. 증기 기관 도입, 철도 건설, 목재 공업 팽창, 기계 공업 발달 등으로 대규모 기업이 성장하고 있었고, 이들은 카르텔과 트러스트를 형성하여 독점 기업으로 변모하고 있었다. 다른 한편에서는 산업화로 인해 농촌 경제가 파괴되고 최초의 대공황이라고 할만한 불황이 닥치면서, 농민은 농촌을 떠나 국외 이주민이 되거나 도시 노동자로 흡수되어 동질적인 경제 이해 관계를 가진 계급을 형성하였다. 이로 인해 자기 충족적인 국내 경제 시스템은 해체되었고, 자율적 사회 질서는 이해 관계가 대립되는 분열적 사회로 대체되었다.

스웨덴생협연합회가 결성된 19세기 말은 이러한 사회 변화를 바탕으로 얄마르 브란팅을 당수로 하는 사민당이 출범하고, 전국노동조합총연맹(L.O.)이 조직되었으며, 최초의 총파업이 일어나는 등 노동조합 운동이 본격적으로 가시화되는 시기였다. 동일한 사회 · 경제적 맥락에서 출발한 협동조합과 사민당은 이후 같은 궤도를 따라 성장해간다. 조합원의 공동 소유, 주체적 조합원의 연대와 책임이라는 협동조합의 가치는 사민당이 사회 개혁 과정에서 실현하고자 했던 가치이기도 했다.

스웨덴생협연합회가 출범하면서 연합회에 가입하는 지역 조합이 점점 늘어났다. 소비자협동조합은 언제나 자기 자본으로 자금을 조달하는 것을 원칙으로 삼았기 때문에, 연합회에 속한 소비자협동조합의 총 매출액이 커지는 만큼 자기 자본도 급속히 성장하여 1936년에는 112백만 크로나에 이르렀다. 1930년 스웨덴 전체 도매 기업은 대략 1만 개였고 도매 기업 연간 평균 매출액은 50만 크로나 이하였다. 하지만 스웨덴생협연합회 매출액은 144백만 크로나로 무려 세 배 가까이 많았다. 소매 기업 평균 매출액은 5만 5천 크로나였지만, 소비자협동조합의 평균 매출액은 47만 크로나였으니 협동조합이 얼마나 활발하게 성장하고 있었는지를 알 수 있다. 1937년 소매 유통 분야에서 협동조합이 차지하는 비율은 11~12퍼센트가 되었다.

소비자협동조합이 이렇게 성장할 수 있었던 까닭은 무엇일까? 먼저 규모가 작은 개별 협동조합이 도매협동조합연합회를 조직해서 물품을 대량으로 공동 구매함으로써 원가를 절감했고, 생협연합회에서 직접 생산 공정을 통합하고 인력을 적절히 활용함으로써 효율적인 경영을 했기 때문이다. 이 덕분에 3장에 나오는 것처럼, 마가린과 고무 산업, 전등 제조업 등 독점 기업과 경쟁하여 물품 가격을 안정시키고 소비자의 이익을 보호함으로써 소비자들을 안심시킬 수 있었다. 또한 내부적으로는 합리적인 이익 공유 시스템 정착이 협동조합의 성장을 촉진했다. 소비자협동조합은 잉여금이 생기면 먼저 출자금에 대해 제한된 이자율로 이자를 지급하고, 남은 잉여금의 최소한 15퍼센트를 내부 적립한 뒤에 나머지를 조합원에게 구매량에 비례해 할당하였다.

스웨덴생협연합회는 로치데일 원칙과 함께, 30여 년 앞서 설립된 잉글랜드와 스코틀랜드 도매협동조합연합회의 경험으로부터 배울 수 있었기 때문에 빠르게 안정을 찾을 수 있었다. 그러나 영국과 스웨덴의 사회 · 경제적 맥락이 달랐기 때문에 모든 면에서 동일한 입장에 설 수는 없었다. 일찍부터 식민지 약탈 경제가 발달했던 영국은 다양한 품목으로 활발한 국제 무역을 하고 있었다. 따라서 잉글랜드와 스코틀랜드 도매협동조합연합회도 국내뿐만 아니라 수입업자에게서 물품을 대량 구매하기도 했고, 1870~80년대에 이미 다른 나라에 물류 창고를 갖추고 적극적으로 물품을 조달해 개별 소비자협동조합에 재판매하기도 하였다. 영국이 주도적으로 참여했던 1895년 국제협동조합연맹 런던대회에서는 협동조합 간 국제 무역의 가능성이 제기되었고, 이 대회에서 합의한 세 가지 목표 중에는 각국 도매협동조합연합회 사이에 통상 관계를 수립하자는 내용이 있었다. 국제 무역의 필요성에 대해서는 영국뿐만 아니라 국제협동조합연맹에 참여하는 국가 대표들이 대체로 찬성하는 입장이었으나, 그뒤 10여 년 동안 국제 통상 관계 수립에 대한 논의는 이렇다 할 진전을 보지 못했다.

저자가 3장과 5장을 통해 밝히고 있듯이, 스웨덴은 영국도매협동조합연합회와는 생각이 달랐다. 영국도매협동조합연합회는 각국 도매협동조합연합회 사이의 직거래를 주장했다. 예를 들어, 스웨덴의 호밀빵을 영국의 도매협동조합연합회가 구입해서 영국의 소매협동조합에 공급하자는 것이다. 저자는 이런 방식에서는 "수입국의 조합원이 수출국의 조합에서 이루어지는 의사결정에 참여할 수 없고, 수입국의 조합과 수출국의 조합이 수입국에서 경쟁을 하게 될 것이므로" 반대했다. 저자로 대표되는 스웨덴의 입장은, 국제적인 도매 조직을 이용하려는 각국 도매협동조합연합회가 공동으로 출자하여 국제적인 도매협동조합연합회를 만들고, 이에 따른 이익을 공유하는 것이

로치데일 원칙에 충실한 방법이라는 것이었다.

　스웨덴생협연합회는 1919년, 국제협동조합연맹에 국제유통금융기구(International Trading and Banking) 제안서를 제출했는데 저자인 아너스 오르네가 제안서 작성에 중요한 역할을 했다. 그리고 5장에 나오듯이 스웨덴은 결국 덴마크, 핀란드, 노르웨이 도매조합연합회와 함께 스칸디나비아 도매협동조합연합회(Scandinavian C.W.S.)와 루마램프공장을 로치데일 원칙에 충실하게 설립하였다. 제안서에 기초해서 1921년 국제협동조합연맹 바젤대회에서는 국제도매협동조합연합회(International Co-operative Wholesale Society)가 정식 제안되었고, 1924년 겐트대회에서 설립되었다. 이 연합회는 각국 도매 조직 간통상을 권장하기 위한 것이었으나 실제 활동은 수출입 현황에 대한 정보 교류와 조언 역할을 하는 데 그치고, 1930년대가 되어서야 상업 활동이 이루어졌다.

　1937년에는 이 연합회의 지원을 받아 잉글랜드, 스코틀랜드, 스웨덴, 핀란드 도매협동조합연합회가 중심이 되어 국제협동조합유통기구(International Cooperative Trading Agency)를 만들어 각국 도매 조직이 필요로 하는 수입품 구매를 대행하였다. 사업은 기본적으로 수수료를 지불하는 방식으로 운영되었고, 잉여가 생기면 잉여 산출에 대한 기여도에 따라 배분하였으며, 의결권도 기여도를 고려하되 상한

선을 두었다. 스웨덴 협동조합은 다른 나라와 마찬가지로 영국 협동조합의 역사로부터 소중한 교훈을 얻었지만, 교훈을 답습하는 데 그치지 않고 스웨덴에 적합한 독자적인 길을 모색해 나갔다.

국제 무역을 추진하는 과정에서 보았듯이, 저자는 로치데일 원칙이 협동조합 운영 과정에서 이루어지는 모든 의사 결정에 확실하게 스며들어 있어야 함을 강조한다. 협동조합이 영리 기업과 다른 가장 중요한 기준은, 모든 조합원이 협동조합의 가치와 원칙을 이해하고 실현하기 위해 노력한다는 점이다. 이러한 기준을 충족시키지 못하는 협동조합은 결국 영리 기업으로 전환하거나 더 이상 협동조합의 정체성을 주장할 수 없어 스스로 소멸할 것이다.

그러나 실제 협동조합을 운영하다 보면 당연해 보이는 이 기준이 현실적 어려움에 부딪쳐 조금씩 자리를 양보하는 현상을 목격하곤 한다. 원칙의 중요함을 강조하는 저자의 준엄한 목소리가 이 책 곳곳에서 들릴 때마다 우리의 모습을 돌아보며 때론 안도감을 느끼기도 하고 때론 긴장의 끈을 다시 바짝 조이게도 된다.

아너스 오르네는 협동조합의 이상을 실현하기 위한 비법으로 대의제와 교육을 강조한다. 민주주의 원칙을 실현할 수 있는 대의제 시스템을 만들고, 이 시스템이 실제로 작동할 수 있도록 모든 협동조합 관련자들을 교육한다. 그럼으로써 자주적인 조합원들이 연대 의식을 가지고 협동조합을 운영하고, 그 결과에 대한 책임을 공유할 수 있다는 희망의 메시지인 것이다. 이 희망은 스웨덴 사민당을 중심으로 이루어진 사회 개혁의 방향과 맞닿아 있었듯이, 지금 협동조합의 역사를 만들고 있는 우리에게도 귀한 나침반이 되어 줄 것이다.

최은주 성공회대학교 경영학부 겸임교수

원역자 서문

　영국인에게 스웨덴은 성냥갑이나 지도에서나 보던 이름이지만, 스웨덴에는 현대 사회가 주목할 만한 사상과 진보의 흥미로운 점들이 있다.

　스웨덴은 유럽에서 가장 넓은 나라 중 하나이다. 스웨덴 민족은 순수 혈통을 가진 가장 오래된 민족이며 자부심이 강하고 친절하다고 알려져 있다. 스웨덴은 1435년, 유럽에서 영국 다음으로 의회를 설립했다. 국가 부채가 세계에서 가장 적으며, 19세기 중반까지는 아예 부채가 없었다. 스웨덴의 헤르뇌산드는 세계 최초로 전기 가로등을 사용한 마을이다. 오늘날 스웨덴은 유럽에서 국민 1인당 철도가 가장 많은 국가이며 스웨덴 철도의 3분의 1은 국가 소유이다. 스웨덴의 사망률은 유럽에서 가장 낮고, 미국 이민자 중 스칸디나비아인의 문맹률

이 가장 낮다. 예타는 수에즈 운하보다 더 오래되고 기술적으로도 뛰어난 운하이다. 또한 지상 최고의 전기 철도라고 할 만한 룰레오와 나르비크를 잇는 철도는 북극권에 걸쳐 있고, 암반 지대 약 50미터 아래에 있는 지하 발전소를 통해 거대한 폭포에서 전력을 공급 받는다. 스톡홀름은 1인당 전화 보유 대수가 세계에서 가장 많으며, 스톡홀름이 지원하는 노동계 일간지 3개 가운데 1개의 판매 부수는 4만 부에 이른다.

　스웨덴 소비자협동조합의 빠른 성장은 스웨덴생협연합회(Kooperativa Förbundet) 통계를 보면 확실히 알 수 있다. 1936년 스웨덴의 모든 생협은 스웨덴생협연합회 회원이 되었다.

스웨덴생협연합회(K.F.)　스웨덴 인구: 6,250,000			
연도	가맹 조합 수	가맹 조합 총 조합원	가맹 조합 총 매출액 (파운드)
1908	376	64,000	1,189,000
1914	584	119,000	2,131,000
1924	876	293,000	12,639,000
1925	900	315,000	14,067,000
1935	624*	568,000	20,522,000

*합병으로 인한 감소.

1908년 수치를 보면 작은 규모의 스웨덴생협연합회가 얼마나 왕성히 활동했는지 알 수 있다. 1908년 스웨덴생협연합회 매출액은 23만 8천 파운드였다. 당시 생협연합회는 막강한 스웨덴 마가린 회사와 1차 세계대전 내내 끊임없이 투쟁한 결과, 완벽한 승리를 거두었다. 이러한 과정을 통해 대중 운동의 중심인물이자 지도자가 탄생했다. 바로 이 책의 저자 아너스 오르네이다.

더 놀라운 사실은 스웨덴소비자협동조합의 성장일 것이다. 아너스 오르네는 스웨덴소비자협동조합이 스톡홀름에서 탄생한 때부터 열성적인 회원으로 활동했다. 이 협동조합은 이 책의 초판 서문에서 아너스 오르네가 특별히 언급한 그의 동료 앨빈 요한슨의 능력과 열정 덕에 성공할 수 있었다. 스톡홀름생협연합회(K.F.S.)는 1915년에 여러 작은 협동조합이 모여 설립되었다. 첫 해 회원은 4,461명이었고 매출은 15만 파운드였다. 오늘날 회원은 80,231명이고 연간 매출액은 약 315만 5천 파운드에 이른다(1936년 기준).

전쟁 당시 외무부장관이었고 지금은 런던 주재 스웨덴 공사인 바론 팜스티에르나가 한동안 스톡홀름생협연합회 대표였다는 사실만으로도 스웨덴에서 협동조합의 위상이 대단했음을 알 수 있다. 저명한 스웨덴 경제학자인 구스타프 카셀은 이렇게 말했다.

"자유 경쟁이 엄청난 낭비를 낳는 데 비해 협동조합은 모든 소매업이 통합되어 노동력을 상당히 절약한다. (…) 협동조합이라는 우수한 소매 조직은 (…) 상당한 진보를 이루어냈다는 찬사를 받을만하다."

이 책의 저자 아너스 오르네는 스웨덴의 특징적인 인물이다. 그는 지금도 전성기를 누리며 가치 있는 일을 하고 있다. 영국에서는 그를 아는 사람이 별로 없지만, 그의 명성은 이미 널리 알려졌고 업적도 많이 세웠다.

그러나 협동조합 철학이 일반인에게는 물론이고 심지어 협동조합인들 사이에서도 흥미로운 독서 주제가 아리나는 점은 생각해 볼 문제이다.

아너스 오르네는 소자작농 집안에서 태어났다. 그의 조상 모두 소자작농으로 250년 동안 같은 지역에서 살았다. 인구의 37퍼센트가 농민인 스웨덴에서 소자작농은 늘 권력자에 속했으니, 때론 왕조를 세우고 때론 전복하기도 했다. 그의 아버지는 목초지와 방목지, 숲이 딸린 15에이커(약 60㎢)의 경지밖에 갖고 있지 않았기 때문에 열 형제 중 맏형인 아너스 오르네는 풍족하게 자라지 못했다. 최근까지 스웨덴에서 흔히 볼 수 있었던 풍경처럼, 그의 집에서도 거의 모든 것을 자급자족해야 했다. 약간의 곡식과 말이나 소 한 마리 그리고 나무 몇 그루를 키웠으며, 2년에 한 번씩 나무를 팔아 집에서 만들 수도 없고 닳아 없어지지도 않는 철물 제품을 사고 세금도 냈다. 아너스 오르네는 가내공업 시기에 성장해 스웨덴 산업혁명에 가담했고, 기계 만능 시대로의 변천을 목격했다. 끊임없이 변화하는 시대 상황이 어느 한 가지 일에만 전념하고 만족할 수 없게 만들었다.

아너스 오르네의 학창 시절 이야기를 하자면, 오래 전 스코틀랜드 대학생이 오트밀로 학비를 냈던 시절이 떠오른다. 가정 경제가 나빠졌지만, 오르네는 개인 과외와 신문 일을 하며 주경야독으로 웁살라대학에서 철학 학사를 따는 데 성공했다. 그는 웁살라대학에서 학생 협동조합 식당의 지지자이며 전 스웨덴 수상이자 외무부장관인 리카르드 샌들러와 함께 열혈 사회민주주의자가 되었다. 대학을 졸업한 뒤에는 '스톡홀름 사회민주주의자'라는 단체에 들어가 얄마르 브란팅 정부에서 근무 시간을 하루 8시간으로 조정하려는 노동당을 위해 3년 동안 하루 16시간씩 힘들게 일했다.

하지만 얄마르 브란팅 정부에서 일한 경험은 매우 소중한 자산이 되었다. 오르네가 사회민주주의자로 활동할 당시 주목할만한 사건은 바로 1909년에 발생한 대파업이다. 한 달 동안 30만 노동자가 파업에 참여했으니, 인구가 5백 만인 스웨덴에서 사실상 산업 역군들은 거의 다 참여한 셈이었다. 대파업 기간 동안 오르네는 대파업 신문 「디 앤서 (The Answer)」에서 일했다. 그는 대파업에서 얻은 교훈을 이렇게 말했다. "그때까지 스웨덴의 많은 열혈 지지자들이 무기로 여겼던 총파업만으로는 사회 문제를 해결할 수 없다는 점을 노동자들이 깨달았다."

1910년, 아너스 오르네는 스웨덴생협연합회 기관지 「협동조합인(The Co-operator)」 편집장으로 일하기 시작했다. 1920년, 얄마르 브란팅 정부에서 재무서기관으로 일할 때와 얄마르 브란팅의 두 번째 정부에서 18개월 동안 통신교통부 장관을 지낸 때를 빼고, 오르네는 생협연합회에서 15년 동안 일했으며 1916년부터는 사무총장을 지냈다. 1925년, 사무총장에서 물러나 체신부 이사가 되었으나 자신이 그렇게 열심히 일했던 생협연합회와 협동조합 운동에 여전한 애정과 관심을 보였다. 오르네는 단순히 일만 열심히 하는 공무원이 아니었다. 말이 필요한 때라면 어디서나 자신의 의견을 말하고, 글로 쓸 준비가 되어 있었다. 그렇기에 그는 언제나 환영 받았고 그의 의견은 늘 효과적으로 전달되었다.

아너스 오르네가 협동조합에 얼마나 큰 관심을 가지고 있었는지는 그의 행보가 확실하게 보여 준다. "협동조합이 정부보다 업무를 수행하는데 훨씬 더 유리한 체제"라고 옹호한 오르네는 스톡홀름생협 대표를 지냈으며, 최근까지도 국제협동조합연맹과 그 이사회 회원으로 활동했다. 1927년 제네바에서 열린 국제경제회의(World Economic

Conference)에 협동조합 대표자로 참석하기도 했다. 그는 협동조합 이외의 영역에서도 공헌을 했다. 1912년부터 1919년까지 스톡홀름 시의회 의원으로 식량 공급에 관련한 많은 일을 했고, 1918년부터 좌파에 밀려 퇴임한 최근까지 선거로 선출된 상원 의원이었고, 상원 의원 임기 첫 해부터 세입위원회 위원으로 활동했다. 스웨덴이 금본위제로 복귀하는 데 공헌한 그의 노력과 금융 및 재무 분야의 전문 지식 덕에 그는 스웨덴 국립 은행 부총재로 임명되기도 했다.

오르네의 부모와 가정 교사 모두 어린 오르네를 교회에 다니도록 설득했지만 그 뜻은 이루어지지 않았다. 사실 그렇게 노력할 필요도 없었다. 오르네는 성직자의 옷을 입지 않았을 뿐, 신실한 신도들을 거느리고 고귀한 임무를 펼치는 진정한 성직자와 다를 바 없었다.

이 책에 대해서는 더 말할 필요도 없다. 이 책 자체가 오르네의 웅변과도 같다. 오르네가 이 책에서 주장하는 내용은 스칸디나비아 반도 전역에서 많이 논의된 바 있지만, 오르네 덕분에 스웨덴이 협동조합 사상과 이론의 지도에 확실히 자리매김할 수 있었다는 점에는 비평가들과 지지자들 모두가 동의한다.

특히 흥미롭고 도발적인 내용은 대형 조직 운영에 대한 제안과 합리적인 사회 체계에서 진정한 경쟁의 장에 대한 제고이다. 그는 많은 이들이 조심스레 피하는 노동계와 협동조합 운동 사이의 분쟁지에 용감히 뛰어들었다. 국가 사회주의의 가치는 매우 하락했고, 일부 맘에 드는 일만 빼고 나머지는 전부 정부에게 떠넘기는 행위도 점점 못하게 되었다. 전에는 노동 문제를 제대로 해결할 능력조차 없었는데, 지금은 능력은 있으나 본질을 해결하기 보다는 서둘러 봉합해 버리려고 한다. 그 누구도 1질(8분의 1쿼트)의 일자리로 1쿼트 들이 주전자의 노동당 권력을 채워주지는 못한다. 문제는 주전자나 내용물이 아니라, 이를 시도하는 사람의 정신 상태이다. 오르네는 체계와 조직을 강조한다. 체계와 조직 따위에는 관심 없는 사람일지라도 옳은 일이 늘 그렇듯, 귀찮기는 하지만 반드시 필요하다는 것을 알게 될 것이다.

오르네는 이번 개정판에서 지난 10년 동안 여러 국가와 정부가 저지른 예측 불가능한 일들과 실수에 대해 대담하고 명쾌한 비난을 추가했다.

스위스와 마찬가지로 스웨덴에서는 한 개의 연합 조직이 도매협동조합연합회와 협동조합연합회에 관련된 모든 일들을 관리한다. 저자의 논점과 설명을 충분히 이해하려면 스웨덴생협연합회의 이러한 기능을 기억해야 한다.

적절한 조언을 하면서 열심히 도와 준 영국협동조합연합회 출판부의 전 담당자, T. W. 머서와 지금 담당자 E. 토팜에게 감사의 말을 전한다.

존 다우니

개정판 서문

 이 책의 초판은 1924년 초 스웨덴에서 출간되었고, 1926년 여름에 영어로 번역되어 출간되었다.

 협동조합 운동은 세상의 변화와 더불어 엄청난 변화를 겪었다. 많은 국가가 자유 민주주의 국가에서 독재 국가로 바뀌었고, 그 결과 대부분의 국가에서 협동조합의 위상은 크게 달라졌다. 러시아의 협동조합 운동은 1917년 혁명 이후 정부의 엄격한 감시에 시달렸고 국가의 일부 기능도 맡게 되어, 결국 사회주의화된 국가 운영의 한 부서로 전락했다. 최근 러시아 도시협동조합은 국가 기관으로 전환되었다. 다른 국가에도 독재 바람이 불면서 일종의 부활한 길드 사상 위에 만들어진 협동조합 역시 더 나을 게 없었다. 이러한 독재 국가에서는 협동조합 운동을 맹렬히 공격했으며, 이러한 공격이 용인되는 곳에서 협동조합은 조합의 성장을 막는 정부 규제를 따르거나 협동조합 자체를 정부 관리 아래로 완전히 넘기게 되었다.

반면, 민주주의 국가에서 협동조합 운동은 빠르고도 분명하게 발전했다. 특히 영국과 스웨덴을 포함한 스칸디나비아 국가들이 그렇다. 1923년부터 1935년까지 물가가 내려갔음에도, 스웨덴 소비자협동조합의 매출액은 두 배, 자본은 세 배가 늘었으며, 조합원은 27만 4천 명에서 56만 8천 명으로 많아졌다. 같은 기간, 스웨덴생협연합회(K.F.) 연간 거래액은 360만 파운드에서 885만 파운드로 커졌으며 "자기 자본"(출자금과 잉여금)은 54만 파운드에서 490만 파운드로 늘었다. 1923년 거래액 가운데 연합회 자체 생산액은 57만 5천 파운드였는데 1935년에는 521만 파운드로 크게 뛰었다.

세계 최대 문명국인 미국은 오랫동안 협동조합을 꺼려왔다. 그러나 협동조합에 관심 있는 지도자들이 이런 풍조를 바꾸기 위해 열심히 노력했다. 최근 발생한 대공황 때문에 이 거대한 공화국의 국민들은 협동조합 운동이 산업화된 민주 국가의 발전에 필수 불가결한 요소임을 확실히 깨달았다. 최근 미국에서는 유럽의 협동조합에 많은 관심을 기울이고 있다. 예를 들어, 1936년 루즈벨트 대통령은 영국과 스웨덴, 기타 유럽 국가 협동조합의 체계와 중요성을 연구하기 위한 위원회를 유럽에 파견했다[1]. 미국인들처럼 실무적이고 효율적인 사람들이 협동조합에 많은 관심을 기울인다면 반드시 좋은 결과가 나올 것이다.

초판 서문에서 나는 이렇게 말했다. "이 책은 소비자협동조합이라는 사업 방식에 영향을 주는 사상과 문제점을 논하면서 협동조합 공동체의 특성에 대한 지식 향상에 공헌하고자 한다. 이 책은 협동조합 조합원과 일반인 모두를 대상으로 만들었다. 이러한 이중의 목적을 충족시키기에는 어려움이 따른다. 협동조합이 무엇이고 추구하는 게 어떤 것인지 거의 또는 전혀 모르는 사람이 이해하도록 충분히 쉽게 설명하면, 협동조합을 이미 접한 이들은 설명이 진부하다고 여겨 지루할 수 있다. 나는 양쪽 독자의 비난을 피하기 위한 방법을 모색했다. 협동조합 전문가가 아닌 사람들이 관심을 가질만한 질문만을 선택해서 이 주제들을 지금까지 다른 협동조합 관련 책에서는 별로 다루지 않은 관점으로 이야기해 보겠다. 그러나 협동조합 특성에 대한 오해를 막기 위해, 이미 많은 책에서 논의된 주제이기는 하지만 협동조합

---

1 "스웨덴 소비자협동조합 운동의 지도자는 그 어떤 일이라도 성공시킬 수 있는 능력이 있어서 스웨덴은 운이 좋다."라고 이 위원회 위원장이 한 말을 여기에 적어도 괜찮을 것이다.

의 기본 사상과 분류에 대한 일반적인 설명을 처음 두 장에 넣을 필요
가 있다고 생각했다."

이 책은 협동조합 교과서가 아니다. 이 책은 통계나 거래 방식, 기준
보다는 협동조합 운동을 불러일으킨 사상과 협동조합 운동의 현장을
다루고자 한다. 그러면서도 이 책은 협동조합이라는 주제의 실용적인
면을 다룬 기존 문헌처럼 특정 요구에 부응해야 한다고 생각한다.

이번 개정판에서는 경제 발전에 대한 저자의 관점에 영향을 미친 최
근의 수많은 정치 · 사회적 실험을 알리고, 설명과 숫자를 업데이트하
기 위해 내용을 변경하고 일부는 다시 쓰기도 했다.

아너스 오르네

1장
협동조합의 의미와 형태

오늘날 협동조합은 일반적으로 철학과 종교처럼 정확한 정의를 거부하는 용어이다. 협동조합을 주제로 책을 쓰는 사람들은 자기 나름의 정의를 내리지만, 지금까지 그 누구도 협동조합으로 간주되는 모든 것을 논쟁의 여지 없는 단 하나의 공식 안에 넣지 못했다.

그 이유는 아마도 다양한 특징을 가진 여러 단체와 협회가 협동조합이라는 이름을 썼기 때문일 것이다. 이들을 하나로 묶는 것은 대부분 자유를 얻기 위해 동지 의식으로 견고해진 역사적 연결고리뿐이다. 더 나아가 그들은 사업을 위해 서로의 규칙을 빌려 썼다. 그러나 닮은꼴은 거기까지이다. 예를 들어, 노동자들이 소유하고 운영하는 제과점과 필요할 때 노동자를 고용하는 빵 소비자들로 구성된 결사체가 소유하고 통제하는 제과점 사이에서 실질적 유사점은 거의 없다. 그러나 근대 협동조합의 조국인 영국에서는 이러한 사업 형태를 모두 협동조합으로 간주한다. 그 이유는 아마도 초창기에 개인 고용주로부터 자유로워지기 위해 노동자들이 만든 모든 기업에 협동조합이라는 이름을 붙였기 때문인 것 같다. 실제로, 자신들이 고용된 산업에서 스스로의 힘으로 설립하려는 노동자들의 시도를 의미하기 위해 쓴 협동조합이라는 단어는 유통과 생산을 위한 소비자들의 결합을 뜻하는 보다 보편적인 현대 용어보다 시기적으로 분명히 앞서있다.

훗날 매우 유명해진 로치데일 방직공들이 '공정선구자조합'을 위한 계획을 세울 때 조합은 생산 능력이 있는 조합원이 운영하는, 즉 일종의 노동자생산조합인 오언주의 공동체'로 발전해야 한다는 의도로 시작했다. 협동조합이 공동 노동 사업 형태여야 한다는 생각은 오랫동안 이어져 왔고 기독교 사회주의자들도 이러한 생각을 품고 지지했으며 영국과 몇몇 국가에는 아직도 이 생각을 신봉하는 사람들이 있다. 스웨덴에도 건설 노동자, 재단사, 농장 노동자, 미용사 등 기능 보유자들이 공동 기업을 목표로 시작한 사업들이 여전히 있고 그들은 자신들의 조직에 공식적으로 **협동조합**이라는 이름을 쓴다. 이런 현상이

---

1 "거래든 제조든 농업이든 간에, 모든 협동조합 단체의 궁극적 대의는 토지 공동체라고 정한다." -1832년 런던, 제3회 협동조합 총회 결의안.(역)

지속되는 한, 일반적으로 대중들은 '협동조합'이라는 단어가 정확히 무엇을 뜻하는지 이해하기 분명 힘들 것이다.

전에 우리는 협동조합의 의미를 알아내기 위해 노력하면서 "협동조합은 참여하는 사람이 재화와 용역에 대해 갖는 직접적인 이해 관계에서 발생한 경제 체제이다. 이는 가정 경제 발전 또는 자신의 고용을 목적으로 이러한 조합이 펼치는 사업과 활동을 활용하려는 사람들이 설립한 자유로운 사업 형태를 취한다.[2] 협동조합의 반대말은 영리를 추구하는 경제 주체로서, 소유자가 재화의 생산과 유통을 단순히 자신들의 이익 추구를 위한 수단으로만 여기는 방식으로 운영한다.[3]" 고 말했다.

이 정의는 협동조합의 원동력을 구성하는 **경제적 이익**을 특히 강조하는 점에서 다른 정의와 다르다. 진정한 공동체 생활이라는 개념은 우리에게 그만큼 많은 것을 요구한다. 만약 우리가 협동조합 운동의 지지자들이 무엇을 성취하는 데 전념하는가에 촉각을 세우거나, 협동조합의 적절한 형태와 구조에 대한 다양한 생각에 관심을 가지거나,

---

2 그러므로 부츠 공장은 부츠를 원하는 사람과 부츠 중개상을 위해 부츠를 생산할 것이다. 이런 조직에서 이익은 아너스 오르네가 쫓아내버리고자 하는 강탈자이다. 이와 거의 같은 생각을 "이익이 아닌 사용을 위한 생산"이라는 문장에서도 볼 수 있다. (역)

3 아너스, 『Det Kooperative Programmet』 스톡홀름, 1921년, 제9쇄, 1936년, K.F.

또는 다른 관점에서 협동조합을 정의하고자 한다면 혼란에 빠질 것이다. 이런저런 비평가들이 모두가 따라야 하는 패턴이라고 **생각**하는 것은 그리 중요하지 않다. 사업주를 움직이게 만드는 경제적 이익이 조만간 곧 모든 제약과 오해를 극복할 것이다.

위에 제시한 정의는 완벽하지는 않지만, 대부분의 다른 정의보다 더 근본적인 관점을 담았다. 이미 언급한 과거 협동조합의 잡다한 예를 최대한 포함해 정의하더라도, 노동자생산조합과 같이 스스로 협동조합이라 말하는 여러 단체는 이 정의에 들어맞기 어려워 보인다. 역시나 과거에는 협동조합으로 인식되었던, 소규모 독립 고용주 또는 사업가가 조직한 '판매' 조합 중에는, 지금 우리도 알다시피, 저자가 제시한 공식에 들어맞다고 볼 수 없는 조합이 많다. 이는 어쩔 수 없는 일이다. 생각해 보면, 전통적이지만 비과학적이고 오해를 불러 일으킬 수 있는 용어에 계속 집착하기보다는 다른 모든 종류의 사업과 완전히 구별되는 사업만 따로 모아 하나의 카테고리를 만드는 게 낫다는 데 모두들 동의할 것이다.

그러므로 우리는 사업주의 관심이 본래의 진정한 경제적 목적에 집중된 기업에만 협동조합이라는 지위를 부여할 수 있다. 오늘날 이러한 경제적 목적은 예상 밖으로 대부분 가정의 식료품 공급에만 해당하는 것으로 보인다. 지금까지 식료품 공급에 기여했던 사업은 오로지 투자 수익을 소유자에게 제공하는 데 전념한다. 이러한 사업에서 이루어지는 거래의 본질은 소유자에게 전혀 중요하지 않다. 소유자의 목적대로 협동조합에 이익이 생기면 조합은 의무를 다한 것이고, 이익이 많을수록 사업은 더욱 만족스러워지는 것이다.

추상적인 경제학 관점에서 볼 때, 협동조합 형태의 사업과 영리를 추구하는 일반 기업 사이의 대립은 중요하지 않아 보인다. 진정한 자유 경쟁이 가능하기만 하면, 경쟁업체보다 고객의 요구에 더 잘 부응하거나, 규모를 키우면 이익을 낼 수 있다. 이익을 내기 위한 노력은 사람이 생명을 유지하거나 삶을 더 쉽게 지탱하는데 필요한 재화와 용역이라는 부산물을 낳는다. 석탄 가스를 생산할 때 부산물인 코크스가 나오는 것과 어느 정도 비슷하다.

그러나 자유 경쟁 속에서도 영리를 추구하는 기업을 통해서나, 인간의 필요를 충족시키기 위해 생산하는 제품에 직접적인 관심을 갖고 설립된 기업을 통해서나 인간의 욕구를 동등하게 만족 시키리라고 보장할 수는 없다. 이론적으로는 각 기업이 갈등이나 불필요한 노동력 사용을 최소화한 상태에서 최고의 경제 성과를 이루는 데 집중한다면, 인간의 욕구를 동등하게 만족 시킬 수도 있다. 그러나 현실은 그렇지 않다. 자유 경쟁은 절대 진정으로 자유롭지 않다. 장애물들이 있기 때문이다. 한 기업이 작은 규모로 시작해 영향력 있는 주요 기업으로 성장하려면 오랜 시간이 걸린다. 인간의 타고난 타성은 두 가지 방식의 방해 요소로 작용한다. 새롭고 진보적인 사업에 자본을 대거나 필요한 경험과 능력을 제공하는 것에 수동적으로, 때로는 적극적으로 반대한다. 그리고 소비자들은 새롭고 진보적인 기업이 생산하거나 공급하는 재화의 장점에 대해 열심히 문의하거나 알아보는 일에 아주 느리다. 새로운 투자 자본은 상당한 배당금을 보장하는 일반 영리 기업에만 흘러 들어가는데, 배당금을 많이 주면 사업과 재정이 좋아질 리 없다. 피고용인의 효율성을 높이는 데에는 시간이 많이 걸리고 이는 신생 기업에게는 더 심각한 장애물로 작용한다. 마지막으로, 소비자가 다양한 물품을 비교 평가하는 능력은 극히 제한적이다.

특히 이 마지막 사실 때문에 허황된 설명으로 열등 상품을 판매하는 기업이 상당히 많은 이익을 남긴다. 이는 어떤 형태로든 유용한 공공서비스를 통해 만들어지지 않은 엄청난 배당금을 기업의 소유자가 챙기는 현대판 도둑질이다.

협동조합 형태의 기업은 대부분 자유 경쟁의 황금기라 불리는 시기에 탄생했다. 경쟁주의는 법적으로나 일상 생활에서나 허용되었다. 이익을 얻기 위한 투쟁이 인간의 욕구를 충족시킬 수 있었다면 모든 일이 잘되었을 것이다. 그러나 현실은 정반대이다. 앞으로 보겠지만 소비자협동조합이 탄생한 가장 주된 동기는 영리 상인들이 물건의 품질과 무게, 크기를 심하게 속인 데 대한 반발심이었다. 공개적인 자유 경쟁의 장에서는 가격이 최대한 낮아질 수 있지만 안타깝게도 소매업은 그렇지 않았다. 예를 들어, 원하는 사람이면 누구나 가격을 낮춰 더 많은 거래에 자유롭게 입찰할 수 있었을 텐데 빵과 밀가루 가격은 우습게도 아주 비싸게 유지되었다. 이런 상황은 물품 그 자체와 실제 비용에 대한 소비자의 관심을 바탕으로 한 새로운 형태의 사업이 등장하고 나서야 확실히 개선되었다. 다시 말해 협동조합 덕분에 경쟁이 공동체 전체에 훨씬 더 유익해졌다.

그러나 현대에 새로운 요소가 등장해, 재화와 용역을 더 잘 공급하지 않으면 이익을 얻을 수 없다는 의견이 이론적으로도 더 이상 효력을 갖지 못하게 되었다. 그것은 바로 독점 형성과 발달이다. 일부 특정 생산 분야가 트러스트로 독점되면서 제조와 조직 개선만으로는 더 이상 이익과 판매 증가 그리고 사회적으로 유익한 발전을 이룰 수 없게 되었다. 트러스트화된 산업에서는 생산된 상품이 얼마나 중요한 필수품이냐에 따라 기업의 규모가 달라지고, 그래서 판매가를 올려도 소비가 줄지 않는다. 어떤 상품을 완전한 독점 체제에서 제조할 때 경제 활동의 원동력으로 작용하는 두 가지 요소, 이익과 재화와 용역에 대한 직접적 관심 사이에 극명한 차이가 생긴다. 이 차이는 단순히 물질적인 데 그치지 않는다. 이는 물질적인 것과 대응 관계에 있으면서 그만큼 중요한 내적인 면을 갖는다.

돈을 예로 들어보자. 모두들 알다시피, 돈은 그저 유용한 재화와 용역의 대체용품에 불과하다. 통화의 주요 관리자인 정부는 유통되는 재화 이상으로 통화를 늘려 화폐 가치를 떨어뜨리지 않는다는 점을 감안할 때, 돈은 여전히 훌륭한 대체용품으로 활용되고 그 유용성 덕분에 선호의 대상이 된다. 돈은 다루기가 더 간편하고, 일반적인 상황에서 판매하거나 구매하는 모든 재화와 용역의 지불 수단으로 쓰인다. 그래서 돈이 정말 소중하고 가치 있는 상품이라는 오해가 뿌리 깊게 자리 잡고 널리 퍼지게 되었다. 그러나 공급 물품이 본격적으로 부족해지기 전인 제1차 세계대전 초기와 그 이후, 돈의 가치가 급격히 떨어지면서 민간 기업의 이익이 정부나 지방자치기관과 마찬가지로 겉보기에는 엄청나게 부풀려지고 확대되었을 때, 돈이 소중하고 가치 있는 상품이라는 인식이 어떤 결과를 낳았는지 잊을 수가 없다. 많은 사람들이 필요한 재화에 상응하는 실질적인 가치를 매길 수 없게 되면서 곤경에 빠졌다. 돈이 가치의 영원하고 진정한 보고 또는 수단이며 재화와 용역은 가변적이고 우발적인 것이라는 대중의 믿음 때문에, 제1차 세계대전 기간과 전후 2년 동안 수많은 재정적 어려움이 생겨난 것이다.

현대 경제 조직 특유의 구성으로 인해 이윤 추구가 민간 기업 대부분의 원동력이 되었다는 사실이 사업가의 이윤 추구 욕구를 자극했고, 이제는 영리 추구가 모든 경제 활동의 진정한 목적인 것처럼 보이게 만들었다. 점점 더 많은 기업가와 자본가가 이런 생각을 갖게 되면, 거래 방식에도 같은 생각이 반영될 것이다. 어디에서나 이를 확인할 수 있다.

정치 세계에서도 이와 같은 생각이 널리 퍼져 있다. 의회와 독재자가 채택한 대부분의 경제 조치 때문에 사업가의 이익이 다른 어느 것보다 중요해진다. 특히 이러한 성향은 스스로 사회주의자라고 칭하는 당에서도 뚜렷하게 나타난다. 사업가와 제조업자는 관세와 수입 규정, 강제 카르텔, 창업 금지 등 여러 수단으로 경쟁에서 보호 받고 관례적인 이익을 보장 받는다. 정부는 상업이나 제조업에 종사하는 개인 사업을 징발해서 그의 자리를 차지할 때에도 변함없이 사업주와 사업주의 이익이 최우선이라는 생각을 갖고 있다. 세상에 그 어떤 유한 기업이나 개인 기업도 소비에트사회주의공화국연방(소련)처럼 죄책감 없이 소비자나 생산 노동자를 억압한 적이 없다. 1935년 소련은 협동조합 운영진과 단 한 차례 토론도 하지 않고 모든 도시 협동조합을 문닫게 하고 협동조합의 자산과 활동을 정부에 넘기라고 명령했다. 소련은 국가의 생산 경영 관리 방식을 비난하거나 국가보다 더 나은 방식일 수 있는 소비자협동조합을 더 이상 허가하지 않기로 했다.

협동조합의 종류와 형태

의심할 여지없이, 지금까지 가장 잘 알려진 형태의 협동조합은 소비자협동조합이다. 무엇보다 소비자협동조합은 인간의 욕구를 충족시키고, 다른 형태의 협동조합과는 달리 발전 가능성이 무한하다. 또한 기존에 설립된 협동조합도 훌륭한 실적을 낼 수 있다. 세계 최대 잡화점과 기업 중에는 소비자협동조합에 소속된 기업도 있다.

영리를 추구하지 않는 소비자협동조합은 여러 가지 면에서 영리를 추구하는 기업과 분명한 차이를 보인다. 예를 들어, 영리 기업의 경영자들은 당연히 더 많은 보수나 수수료를 받기 위해 열심히 일하지만 소비자협동조합은 조금 다른 원칙으로 운영된다. 대다수 협동조합이 새로운 유형의 기업 경영자를 창조한다는 사실에는 논쟁의 여지가 없다. 또한 이러한 유형의 협동조합은 비교적 신생 조합인데도, 실제 거래에서 이익의 유혹을 떨쳐버리고 이익을 동기로 삼지 않는다는 철학을 많은 대중들에게 알리는 데 성공했다.

소비자협동조합 외에 다른 유형의 기업도 기업의 이익을 협동조합처럼 인식하고 협동조합의 목적을 원동력으로 삼는다. 이러한 기업도 우리가 정한 특별한 범주에 포함 시킬 수 있고, 이미 협동조합이라는 이름을 쓰도록 허가 받은 모든 기업을 협동조합 범주에 넣어도 될 것이다. 대다수 기업과 뚜렷이 구별되는 특징을 가진 특정 기업들을 오랜 세월 동안 '협동조합'이라고 부른 기업 목록에서 제외한다면, '협동조합'이라는 단어는 선명한 제약을 갖고 변함없이 확실한 존재를 의미한다는 결론에 이르게 된다.

　실질적인 관점에서 볼 때, '협동조합'의 정의는 이 정도까지만 하면 된다. 일반적인 형태의 진정한 협동조합이 무엇인가에 대해 정말 열심히 논의해도 더 얻을 수 있는 것은 거의 없다. 우리가 이미 제시한 기준에 따라 충분히 협동조합으로 인식할 수 있는 다양한 기업을 각 기업별로 연구하는 게 훨씬 더 효과적이다. 그래서 다음에서는 이에 관한 연구를 진행할 것이다.

외면적 특징

　우리는 일반적으로 로치데일 원칙을 경영에 적용하는 기업을 협동조합이라고 부른다. 유명한 28명의 방직공들이 세운 로치데일과 같은 형태라고 인정되는 기업은 다음 원칙에 따라 운영된다.

1 필요한 자본은 조합원이 출자하고 고정 금리를 제공한다.
2 오직 순수한 재화만을 판매한다.
3 정확한 중량과 부피를 지킨다.

4 현지 가격을 따르고, 외상 거래는 허용하지 않는다.

5 각 조합원의 구매량에 비례해 잉여금을 배분한다.

6 조합원 1인 1표 원칙을 적용하고, 남자와 여자 모두 조합원으로
   서 동등한 권한을 갖는다.

7 잉여금의 일정 부분을 교육 목적으로 따로 책정한다.

로치데일협동조합 창시자들은 로버트 오언과 그 뒤를 이은 이상주
의자들의 가르침에서 유추한 보다 포괄적인 프로그램도 갖추고 있었
다. 그러나 환경의 영향과 조합을 운영하는 데 적용하는 원칙의 영향
때문에, 로치데일은 그야말로 오늘날 우리가 소비자협동조합이라고
부르는 조합이 되었다. 앞에 언급한 원칙은 분명 이같은 종류의 협동
조합이 만들어질 것을 암시했다. 그러나 경제적 측면이 아닌 관점에
서, 용어를 조금만 바꿔도 협동조합은 여러 분야에서 쓰일 수 있고, 바
로 그런 일이 실제로 일어났다.

　로치데일 원칙에 따라 만들어야 할 조합은 농민과 직공에게 필요
한 원자재 구매협동조합이다. 구매협동조합 조합원은 주로 공동 구매
를 함으로써 대규모 구매자에게만 제공되는 가격으로 좋은 원자재를
받고 싶은 작은 기업주들이다. 원칙적으로 이러한 조합과 소비자협동
조합 사이에는 별 차이가 없다. 두 조합 모두 동일한 노력의 산물이라

고 할 수 있다. 그러나 원칙을 적용하는 데에는 매우 큰 차이가 나타난다. 일반적으로 작은 규모의 사업가들이 모여 만든 구매 협동조합은 반드시 조합원에게 자본을 대주는 역할을 해야 한다. 실제로 조합원 스스로 필요한 거래 자본을 제공하거나, 조합원이 운영하는 업체에 자금을 대주기 위해 특별히 만든 기관에서 자본을 빌릴 경우에만, 구매협동조합이 현금을 확보할 수 있다.

그러나 대출 형식으로 거래 신용을 얻는 것은 원자재나 기계를 구하는 것과 형태만 다르다. 로치데일 원칙은 협동조합 은행에 맞게 효율적으로 조정할 수 있다.

모든 개별 사업가는 원자재의 구매자 또는 차용자일 뿐 아니라, 구매 대금을 지불하기 위해 생산품을 판매하는 사람이기도 하다. 운영 순서를 뒤집어보면, 협동조합을 조합원 생산품의 판매 촉진에 활용할 수 있다. 그러면 사업의 결과물은 당연히 각 조합원이 제공한 물품의 수량과 가치에 비례해 협동조합에 물품을 제공한 조합원에게 배당될 것이다.

다음과 같은 원칙은 이런 종류의 조합에 공통적으로 적용된다.

1 조합원이 낸 자본에 대해 적당한 금리를 적용한다.
2 성실하고 정직하게 협동조합을 이용하는 사람들과 거래한다.

3 조합원이 잉여를 만드는 데 기여한 바에 비례해 잉여금을 분배한다.

4 모든 조합원은 운영에 동등한 발언권과 영향력을 갖는다.

이 원칙 중 어느 하나라도 적용하지 않은 기업은 협동조합이라고 말할 자격이 없다.

그러나 단순히 이 원칙을 적용한다고 해서 온전히 협동조합이 되는 것은 아니다. 모든 원칙을 적용하지만 협동조합으로 분류될 자격을 얻지 못할 수 있으며 실제 이런 경우가 종종 있다. 그러므로 로치데일 원칙에 다른 원칙을 추가해야 하는데, 그 원칙은 모(母)협동조합을 탄생시킨 경제적 관심에서 쉽게 추론할 수 있다. 추가할 원칙 중 가장 중요한 것들은 다음과 같다.

1 협동조합은 모든 이에게 개방되어야 한다.

2 협동조합 운영에 민주주의 원칙을 완전하게 적용해야 한다.

이 두 가지 필수 원칙은 협동조합의 특징을 유지하도록 보장해 준다. 조합원 자격이 협동조합 창립자들만의 개인적 특권이고 친한 친구만 너그럽게 조합원으로 받아들여 준다면, 그 기업은 운 좋은 소수의 금전적 이익에만 부응하는 사업으로 퇴보할 것이다. 그리고 구조가 너무나 틀에 박혀 있어서 모든 조합원이 실질적으로 운영에 영향력을 행사하지 못한다면, "동일한 투표권"은 그저 공허한 웃음거리에 지나지 않을 것이다. 매우 넓은 지역, 즉 하나 이상의 주 또는 전국을 사업 범위로 하면서 '직접민주주의' 원칙을 적용해 하나의 중앙 조합원 총회로 사업을 하는 조합의 경우가 이러하다. 이 중요한 문제점에 대해서는 뒤에 자세히 다룰 것이다.

  바로 이러한 이유 때문에 협동조합 과세와 관련한 스웨덴 현행법은, 협동조합이 조합원의 구매액 또는 조합에 판매한 금액에 비례해서 조합원에게 지급된 배당금에 대해 세금을 감면 받으려면 동등한 투표권을 가진 개방적 조합원 제도를 갖추고 있어야 한다고 규정한다.

내면적 특징

  이제까지 진정한 협동조합에 필수적인 외면적 특징을 알아보았다. 어떤 기업이 이러한 외면적 특징을 갖고 있는지 아닌지는 그 기업의 규칙 및 기타 문서를 숙독하거나 운영 방식을 관찰하면 확인할 수 있다. 그러나 진정한 의미에서 협동조합이라고 볼 수 있는 기업은 잘 보이지는 않지만 똑같이 중요한 다른 특징들도 갖고 있다. 이러한 모든 특징은 **협동조합 정신**이라는 표현으로 귀결된다.

협동조합 정신에서 가장 중요한 것은 자유의 원칙으로, 더 정확히 말하자면 이 원칙이 조합원들의 말과 행동에 나타나는 것이다.

협동조합 형태의 기업은 진정 경제적 자유라는 토양에서 자란 식물이다. 그것은 자발적 결사를 토대로 한다. 그 누구도 억지로 조합원이 되지 않고 타의에 의해 조합원 자격을 유지하지 않는다. 조합원 탈퇴시 일정 기간 이전에 통보하도록 법으로 규정하지 않는 것이 이를 증명한다.[4] 단, 조합원이 자발적으로 공유하기로 한 협동조합 부채에 대한 재정적 책임 때문에, 탈퇴 통보 이후 일정 기간 동안은 조합원으로 남게 된다. 조합원으로 남아 있는 기간 동안에도 해당 조합원에게 원칙에서 정한 것 이상으로 개인의 수고를 요구해서는 안 된다. 만약 조합원 과반수가 개별 조합원의 재정적 책임을 더 늘리자고 하거나 조합원으로 가입할 때 내는 출자금 이상으로 자기자본을 늘리자고 주장할 경우, 스웨덴 법에 따라 탈퇴하고자 하는 조합원은 일정 기간 내에 그 결정에 반대하는 의견을 제시하면 탈퇴할 수 있는 권리를 갖는다.

진정한 협동조합이라면, **협동조합과 관련 없는** 일에서 조합원에게 어떤 행동이나 태도를 강요할 수 없다. 조합원의 의견과 직업, 개인의 선호는 조합원의 사생활이다. 다만 협동조합이 원칙과 법에 명확히 규

---

4 저자의 협동조합위원회 회원용 안내서 중 『조합원의 권리와 특권 그리고 책임』 (협동조합연합 유한책임회사, Co-operative Union Ltd.) 참조. (역)

정되어 있지 않은 한 가지 제약을 조합원에게 가할 수 있는데, 그것은 조합에 대한 조합원의 태도와 관련된 것이다. 조합에 가입하길 원하는 사람이라면 당연히 조합을 존중할 것이므로 그들이 협동조합의 업무를 일부러 매도하거나 방해하지 않는다는 것이다. 이 점에 대해 스웨덴 소비자협동조합에서 적용하는 원칙은 다음과 같다.

1 조합원은 협동조합 관련 법과 원칙, 협동조합 총회에서 통과된 결의안을 준수해야 하고 협동조합의 이익을 추구하며 조합원 간 연대와 조화를 최대한 도모해야 한다.
2 집행부에서 정한 결의안에 따라 협동조합의 이익이나 목표에 반하는 행동을 하는 모든 조합원은 총회를 통해 퇴출되어야 한다.

원칙에 대한 공식 논의에서는 두 번째 원칙을 적용할 때 세심한 주의를 기울여야 한다. 다행히 배신 행위는 매우 드물기 때문에 이 원칙을 적용할 일은 거의 없다.

이제까지 말한 내용에 비춰볼 때, 소비자협동조합만큼 사회적 관점에서 개인의 자유를 보장하는 기업 형태는 없음이 분명하다.

협동조합 정신은 조합원 스스로 옳고 그름을 판단해 행동할 자유를 준다. 협동조합인들은 완전한 자유가 보장된 상태에서만 신뢰할 수 있는 협동과 보편적이고 진정한 연대가 널리 퍼질 수 있다고 믿는다.

아직 일반적이지는 않지만 협동조합이 조합원에게 아무 것도 강요하지 않을 때 훌륭한 업적을 이룰 수 있다는 믿음은 깨지지 않았다. 위대한 협동조합 운동 진영에는 조합원에게 영감을 주는 협동조합 정신의 다양한 발전 수준이 고스란히 담긴 다양한 조합이 있으리라는 것은 당연하다. 그러나 협동조합이 완전한 자유를 누리는 다른 국가와 마찬가지로 스웨덴에서도 협동조합 정신은 완만하기는 하지만 꾸준히 향상되고 있다.

협동조합을 움직이게 하는 또 하나의 진정한 협동조합 정신은 보편성이다. 협동조합은 단지 협동조합의 주인이 된 사람들만을 위해 존재하지 않는다. 오히려 협동조합은 조합이 제공하는 혜택을 누릴 수 있는 사람들이 더 많아지도록 계속 노력해야 한다. 따라서 조합원이 모든 형태의 파벌주의와 계파주의를 거부해야만 형식에서만 아니라 정신 면에서도 온전한 협동조합으로 간주될 수 있다.

앞에서 간단히 살펴본 소비자협동조합이야말로 협동조합 정신이 잘 발달한 조합이다. 그 이유는 뒤에 드러날 것이다. 여기서는 소비자협동조합의 목적과 수단 덕분에 소비자협동조합 조합원들이 사회적으로 건설적인 힘을 갖게 되었음을 강조할 필요가 있다.

이러한 관점에서 소규모 사업가들의 구매협동조합을 살펴보기로 하자. 직공 단체가 만든 물품을 처리하기 위해 만들어진 기업은 협동조합 영역의 가장 바깥 부분을 차지한다. 이러한 기업은 사업 활동을 통해 얻은 이익을 그 조합의 구성원 집단에 쌓아 놓으려 하고, 이러한 성향은 특정 상황에서 독점 형태를 띠게 된다. 실제로 독점이 나타날 경우에 우리는 이런 조합을 진정한 협동조합이 아니라고 말한다. 누구나 알듯이, 독점은 상품의 생산 또는 판매를 규제해서 동일 업계에서 제대로 운영하는 기업이 생산과 판매 비용을 충당하기 위해 필요로 하는 것보다 더 높게 상품 가격을 매기는 것을 목표로 형성된다. 그러므로 모든 독점은 다른 사람의 희생을 바탕으로 이익을 얻기 위해 노력한다. 이익보다는 기업이 하는 일 자체에 대한 조합원들의 관심이 원동력이 되는 기업은 목적으로 봐서는 협동조합이다. 하지만 이런 기업이 자유로운 이직을 제지해서 원래 발생할 수 있었던 수익보다 많은 수익을 조합원에게 제공해야 한다면, 이 기업은 더 이상 협동조합이 아니다.

농민이나 직공이 모여 만든 판매협동조합은 기술의 발달이나 품질 향상, 구매자와 직접 만남 등을 통해 조합원 노동의 대가를 높이기 위해 노력하는 한, 협동조합이라는 자격을 얻을 수 있다. 그러나 조합원 생산품의 가격을 올리기 위해 공급량을 줄여 시장을 통제하려는 조합이 있다면 그 조합은 영리 기업으로 간주해야 한다.

소매협동조합과 소규모 사업가의 구매협동조합은 누구나 조합원이 되도록 개방되어 있는 한 독점이라고 할 수 없다. 이 경우 판매자인 협동조합과 구매자인 조합원이 같기 때문에, 가격 조작은 아무런 매력이 없다. 거래를 통해 얻은 이익은 구매자인 조합원이 제품을 구입해서 창출한 몫만큼 구매자에게 배당된다. 즉, 우리는 우리 자신에게 판매해서 이익을 남길 수는 없다.

앞서 인용한 로치데일 원칙은 매우 빈약하고 딱딱해서 협동조합이 늘어나기가 힘들다. 로치데일 원칙은 논리 정연하지도 않고, 간혹 한 원칙에 여러 주제가 섞여 있기도 하다. 실질적인 협동조합 관련 지식 없이 책상머리에 앉아 연구하는 사람에게 이 원칙을 사업에 적용하면 유혈이 낭자한 혁명보다 더 격렬하고 깜짝 놀랄만한 변화가 생길 것이라고 주장한다면, 그는 이를 분명 헛소리로 여길 것이다. 그런데 이는 사실이다. 더 자세히 들여다보면, 문학적 의미에서 정말 보잘것없는 문장들이 모이면 새로운 형태의 일상 경제 기반이 만들어진다. 이 원칙에는 필요한 모든 것이 들어있으며 불필요한 것은 하나도 없다.

진정한 협동조합 유형의 기업을 만들고자 한다면 로치데일 원칙을 처음부터 끝까지 모두 적용해야만 한다. 지난 90년 동안 다른 형태의 관리 방식을 적용한 형편없는 실제 사례들을 통해, 이 주장이 사실임이 제대로 증명되었다.

일부 협동조합은 자기 자본이 없어도 된다고 판단했다. 이들은 도매업자와 신용 거래를 하거나 은행 대출을 받아 사업을 시작했다. 거의 예외 없이 결과는 안타까웠다. 물론 모두 알다시피, 많은 소비자협동조합은 자본이 거의 또는 전혀 없는 상태로 시작했다. 가장 유명한 사례가 바로 로치데일협동조합이다. 로치데일협동조합이 1844년 12월 처음 가게를 열 때, 비참할 정도로 가난한 노동자들이 갖은 노력을 다했지만 겨우 몇 파운드밖에 모으지 못했다. 스웨덴 소비자협동조합도 처음 도매 거래를 할 때에는 협동조합에서 뽑은 영업 관리자가 낸 돈이 자본의 전부였다. 그래도 소비자협동조합과 이와 비슷한 기업들은 처음부터 자기 자본이 필요함을 알았고, 매우 신중하게 아주 적은 자원에 맞춰 활동을 제한했으며, 매년 모든 잉여를 자본화해 사업 확장에 썼다. 반면, 전적으로 외부 자본에 의존하고 누적된 모든 잉여를 조합원들에게 배분하거나 상품을 거의 공짜로 판매해 잉여가 생기지 않으면, 곧 조합 재정은 악화되어 조합 도산은 물론 보다 심각한 재앙이 닥칠 수도 있다.

민주적으로 조직된 거래 형태에서는 사업과 관리에 대한 교육이 특히 필요하다. 교육을 통해 조합원들은 상호 이익이 되도록 현명하게 권한을 행사할 수 있기 때문이다. 경제의 '기역'자도 모르는 일반 사람들은 기업을 통해 많은 이익을 얻으려고 하면서 동시에 기업의 적절한 자본화를 거부하는 것이 모순된다는 점을 느끼지 못한다. 이러한 경제적 미신과 무지는 반드시 없어져야 하고, 모든 협동조합은 협동조합의 미래를 위해 반드시 이를 없애는 데 일조해야 한다.

이와 마찬가지로 로치데일 원칙 하나하나는 꼭 필요하다. 여기서는 더 이상 다루지 않겠지만 독자들은 이 원칙을 다룬 다른 책들을 읽어보길 권한다. 이제 협동조합 유형을 분석하면서 좀 다른 관점에서 협동조합 형태의 기업이 갖는 고유한 특징을 살펴보고자 한다.

2장
협동조합의 분류

    앞서 언급한 다양하고 풍부한 협동조합 기업을 분류하려는 시도는 많았다. 그 중에는 일부 국가에서 공식 통계에 끊임없이 혼선을 일으키는 분류 방식이 있지만, 만족스럽지 못한 대부분의 분류는 즉시 폐기해야 한다. 잉글랜드에서는 협동조합을 생산협동조합과 유통협동조합으로 분류하는 방식이 정착되어 있다. 이 분류에는 경제적으로 정당한 사유가 없으며, 소비자협동조합을 생산과 유통으로 나누고 생산 부문을 노동자가 설립했지만 협동조합이라고 보기에는 미심쩍은 공동 노동 사업과 결부시킴으로써 혼란과 피해를 야기한다.

    스웨덴 법에 따른 협동조합 분류는 이제 더 이상 충분하지 않다. 독일 법에 열거된 다양한 협동조합에 대한 설명 역시 마찬가지다.

스웨덴 법은 공급이나 판매를 위한 경제조합[1]이 될 수 있는 기업의 역량이라는 매우 중요한 분류 기준을 제시하면서도 더 이상 이 분류 기준을 사용하지 않는다. 게다가 협동조합과 전혀 관련이 없는 경제 조합 형태의 기업도 이 법에 따라 등록할 수 있기 때문에, 협동조합이 라는 기준으로 판단하기 어려운 기업도 이 법에 따른 협동조합 범주 에 포함될 수 있다. 스웨덴 법의 첫 단락은 다음과 같다.

> 구성원에게 식료품을 비롯한 생필품을 조달하거나, 구성원이 만든 생 산품을 판매하거나, 주택을 제공하거나, 대출을 해주거나 기타 다른 사 업 활동을 함으로써 구성원의 경제적 이익을 도모하기 위해 조직된 단 체는 본 법에 따라 경제조합으로 등록할 수 있다.

이 단락의 추가 부분에는 회계 장부 보관 의무만 있으면 어떤 거래 나 활동을 수행하는 조합이라도 등록할 수 있다. 물론, 이러한 단체의 목표는 구성원의 경제적 이익을 도모하는 것과는 거리가 멀다.

---

1 스웨덴 법에서는 공동의 경제적 이해 관계를 가진 세 명 이상의 파트너가 경제조 합(어소시에이션)을 설립할 수 있다. 경제조합으로 인정 받기 위해서는 반드시 법에 따라 등록해야 하고, 모든 구성원이 경제조합의 경제 활동에 참여해야 하며, 회계 장부와 결산 보고서를 만들어야 한다. (역)

신문조합이나 건축조합 같은 다양한 단체들도 법적 형태가 필요하기 때문에 만약 이 법이 협동조합과 비 협동조합 사이의 명확한 차이를 제시했다면 별다른 지적을 받지 않을 텐데, 그 차이를 제대로 제시하지 못했다.

분류를 시도할 때는 나라마다 법률로 정한 분류 기준을 충실하게 따르지만, 그 결과는 그리 좋지 않다. 왜냐하면 그 분야에 대한 연구나 발전이 이루어지기 전에 법의 윤곽이 만들어지기 때문이다. 법규와 법정에서 인정하는 용어에 따라 분류한다면 분명 이점이 많을 것이다. 그러나 경제적 현실을 부정할 수는 없기 때문에 현실을 무시하지 않는 한 법에 따른 분류가 불가능하다면, 반드시 법을 개정해야 한다. 그러나 직접적인 정치적 이해관계 때문에 어쩔 수 없이 변경할 때를 빼고는 법이란 일반적으로 매우 보수적이다.

협동조합의 "자연스러운 체계"를 만들려는 많은 시도 가운데, 조합원의 **노동 이해관계**에 따라 협동조합을 분류하는 경우가 있는데 이 또한 안타까운 시도다. 노동을 가장 우선시하면 경제적 논쟁에서 진전이 없기 때문에 이는 잘못된 방법이다. **필요**는 사실상 모든 인간 활동의 **원동력**이다. 필요와 삶은 동전의 양면과도 같다. 공동체가 어떤 방식으로 조직되었든 간에, 모든 형태의 **노동**은 필요를 충족시키는 **수단**이다. 다시 말해 노동은 필요의 수단이고 도구일 뿐 목적이 아니다. 그러므로 소비자협동조합을 만들고 발전시킨 원동력을 필요를 충족시키려는 조합원의 직접적인 이해관계가 아닌 다른 곳에서 찾는 일은 무의미하다.

노동 이해관계는 협동조합보다는 노동조합 운동의 기본 원칙으로 훨씬 더 잘 어울린다. 노동조합은 단순히 말하면 조합원이 사회적 노동을 통해 더 많은 수익을 얻어서 조합원에게 보다 안정된 삶을 보장하려고 노력한다.

우리는 다양한 종류의 협동조합을 형성하는 원동력인 직접적인 경제적 이해관계를 협동조합의 분류 기준으로 삼아야 한다. 그러므로 한편으로는 **소비자 이해관계**를 또 다른 한편으로는 **생산자(자영업자) 이해관계**를 고려해야 한다.

여기서 우리는 "무엇 때문에 조합원들이 이 협동조합을 만들었는가?"라는 단순한 질문을 통해 특정 조합이 어느 그룹에 속하는지를 정하는 올바른 기준을 얻을 수 있다. 조합원이 소명 의식을 발휘하도록 촉진하기 위해 만든 협동조합은 생산자협동조합 그룹에 속할 것이고, 구성원의 가계를 돕는 목적인 협동조합은 소비자협동조합 그룹에 속할 것이다.

그러나 모든 자영업자는 구매자이면서 판매자이다. 그러므로 정반대에 놓인 구매자와 판매자의 이해관계는 생산자 그룹에서 확연히 다른 두 종류의 조합을 구별하는 훌륭한 원칙이 된다. 구성원이 판매자 이해관계 또는 구매자 이해관계를 갖는지에 따라 해당 기업이 판매자 조합인지 구매자 조합인지를 결정할 수 있다.

이에 따라 협동조합 분류 기준을 다음과 같이 정했고, 이 기준은 스웨덴에서 공식적인 협동조합 분류 기준이 되었다.

가. 생산자(또는 소유자)협동조합

   1 공급 · 구매협동조합

   2 매각 · 판매협동조합

나. 소비자협동조합

   1 공급 · 구매협동조합

   2 매각 · 판매협동조합(존재하지 않음)

물론, 1차 분류를 위한 결정 요소로 시장 기능을 선택하면 다음과 같이 분류할 수 있다.

가. 공급 · 구매협동조합

   1 생산자

   2 소비자

나. 매각 · 판매협동조합(생산자, 즉 자영업자로만 구성됨.)

그러나 첫 분류 기준이 어느 정도 인지도를 갖고 있기 때문에, 이 기준을 바꾸거나 버릴 이유가 없어 보인다. 이 분류 기준의 큰 장점은, 가장 중요한 조합인 소비자협동조합을 별도의 주요 그룹으로 분류한 점이다. 가계 향상을 위해 소비자가 만든 기업과 기업 활동의 가치를 높이기 위해 소규모 자영업자가 만든 기업은 사업 목적과 협동의 성격에서 분명한 차이를 보이므로 바로 이 차이가 분류를 위한 첫 번째 기준으로 적절하다.

이 두 종류의 협동조합을 구분하는 몇 가지 특징은 앞에서도 말했다. 결코 구성원의 직업이 다른 것만 차이점이 아니다. 특히 소비자협동조합 간에는 별다른 차이가 없다는 점을 보라. 모든 국민이 소비자이기 때문에 소비자협동조합은 합법적으로 나라 전체를 포괄할 수도 있다. 하지만 생산자협동조합은 활동의 특성상 일정 영역에만 영향을 미치기 때문에 특정 사람들만을 가입 시킬 수밖에 없다. 더구나 소규모 생산이라는 것이 다양한 직업으로 세분화될 수 있기 때문에 공동구매나 판매를 위한 일반 협동조합이 생기기 힘들다. 다른 차이점을 찾기도 어렵지 않다. 노동의 세분화와 전문화는 점점 심화되기 때문에 농업 같은 생산 분야에서도 개인의 가계 예산과 개인 소득의 원천이 되는 기업 경영 사이의 차이점을 쉽게 인식할 수 있다. 다른 나라와 마찬가지로, 오늘날 스웨덴에서 소득세는 농민의 **가계** 일용품에 대한 지출과 **농업**에 들어가는 경비를 확실히 구분하고 있어서 일반인들도 그 차이를 이해할 수 있다. 농업에 들어가는 경비는 영업비로 인정되지만, 가계 일용품에 대한 지출은 그렇지 않다. 소비자협동조합이 식료품이나 의류 같은 물품 이용에 대해 지급하는 배당은 저축으로 인정되어 과세 대상에서 제외된다. 반면, 사업자가 구매협동조합으로부터 받은 배당금이나 판매협동조합을 통해 더 높은 값으로 팔아 얻은 이익은 기업의 영업 이익을 올려주기 때문에 기업 운영에서 얻은 다른 수익과 합산해서 세금을 부과한다.

구매협동조합과 판매협동조합의 차이점은 다음과 같이 간단히 요약할 수 있다. 구매협동조합 조합원은 가격을 낮추는 데, 판매협동조합은 가격을 올리는 데 관심을 가진다. 이 차이에 주목해야 한다. 이로 인해 협동조합의 운영 방법과 조합원의 사고방식이 명확히 달라지기 때문이다. 이는 조합원을 위해 물품을 구매하는 것과 조합원의 생산품을 판매하는 것이 한 조직에서 동시에 이루어지기 힘든 이유이기도 하다.

구매협동조합은 가장 적은 비용으로 물품을 대량 구매하거나 가공해서 조합원들에게 소량으로 배분하는 것을 목표로 한다. 판매협동조합은 각 조합원이 운영하는 기업의 생산품을 받아 대단위로 포장해 공개 시장에서 최고 입찰자에게 판매한다.

조합원의 필요에 따라 물품을 구매하거나 가공하는 조합 외에도 조합원의 생산 활동을 위해 자금을 대주는 협동조합도 구매협동조합에 포함될 것이다. 조합원에게 주택을 제공하는 협동조합은 특별한 형태의 소비자협동조합으로 간주할 수 있다.

역사적으로 볼 때 노동자생산조합을 협동조합이라고 봐야 한다면 판매협동조합 그룹에 속하는 게 가장 적절하겠지만, 지금 상황에서는 그럴 수 없다고 생각한다. 이러한 조합은 공동 노동 조직이라고 불러야 한다.

동일한 활동을 하는 협동조합을 분류하기는 어렵지 않지만, **여러** 기능을 수행하는 협동조합을 분류하는 것은 쉽지 않다.

소비자협동조합 조합원 중에 농민이 많으면 그 조합은 농기구나 사료 같은 농업 관련 물품을 자주 취급할 것이다. 덴마크 소비자협동조합에서 흔히 볼 수 있듯이 이러한 협동조합은 종자와 밀단을 묶는 노끈, 밧줄류, 철기류 같은 물품을 취급한다.

반면, 소비자협동조합은 달걀이나 버터 등 조합원이 생산한 제품을 공개 시장에서 판매하기도 한다. 스웨덴 북부에 있는 일부 협동조합은 제1차 세계대전과 전후 어려운 시기에 숯과 타르를 판매하기도 했다. 생산자협동조합도 다양한 기능을 한다. 스스로 "구매및판매협동조합"이라고 명확히 밝히는 협동조합도 있다. 앞서 지적했듯이 매우 다른 두 가지 사업을 병행하는 협동조합이 성립하기는 어렵지만, 그러한 협동조합이 있는 것 또한 사실이므로 이들을 어느 그룹으로 분류할 지 정해야 한다.

처음 언급한 사례는 한 그룹에 속한 협동조합이 일반적으로는 다른 그룹에 속하는 사업에 발을 들여놓는 경우인데, 이 경우는 분류하기가 그리 어렵지 않다. 이런 경우에는 협동조합의 전반적인 특징이 변함없이 유지된다. 조합원이 집에서 만든 버터를 연간 몇 백 파운드를 팔든 몇 천 파운드를 팔든 소비자협동조합은 여전히 소비자협동조합이다. 시골 마을에서는 이러한 상품을 현금 대신 지불 수단으로 사용하기도 한다. 이러한 거래가 그 협동조합을 만든 원동력이었던 **이해관계**의 변화에 영향을 미치지는 않는다. 물품의 공급과 판매를 모두 수행하는 생산자협동조합도 어느 하나의 거래 영역이 큰 비중을 차지하기 때문에 그 영역에 따라 적절한 그룹으로 분류된다.

그러나 거래가 복합적이어서 분류하기 어려운 경우가 있다. 일종의 이중성격을 띤 이러한 협동조합에서는 활동적인 한 사람이 스스로 모든 일을 관리하거나 조합원의 암묵적 또는 표면적인 동의 아래 절대적 통제력을 발휘한다. 그러나 이러한 협동조합은 스웨덴에는 별로 없고, 있더라도 그 수가 점점 줄고 있다.

특히 아일랜드의 농민들은 재화와 금융 시장에 관련된 모든 일을 관리하는 일반적이고 보편적인 협동조합을 만들려고 노력해왔다. 이러한 일반적 협동조합은 농민들의 지위뿐만 아니라 농업과 식품 생산 전반에서 가난하고 소외된 계층에게 희망을 주고, 개발 가능성을 높이기 위해 그들을 교육하는 수단으로 간주된다. 제1차 세계대전 직후, 스웨덴에도 이러한 생각이 전파되어 이른바 '집단농장'이라는 일반 협동조합이 여러 개 생겼다. 하지만 지금 이러한 공동체는 보잘것없어졌고, 농민들이 각자의 목적에 특화된 협동조합을 만들고 다양한 협동조합이 전국적인 연합 조직을 설립하는 게 일반적이다.

이러한 맥락에서 언급해야 할 또 다른 발전 양상으로 **하나의 단일한 협동조합 그룹에서 일어나는 전문화**를 들 수 있다.

소비자협동조합 여기저기에서 이러한 전문화 양상이 나타난다. 어떤 지역에서는 사실상 같은 조합원들이 식료품이나 우유, 빵, 고기를 판매하기 위해 개별 협동조합을 만든다. 대부분의 나라에서 협동조합에 속한 주택은 특별 금융 규제 때문에 개별 주택협동조합에 위탁된다. 그러나 일반적으로 이러한 권력 이양은 이제 지지를 얻지 못한다.

판매협동조합의 전문화는 사실상 우유와 고기 거래로 한정된다. 그 이유는 우선 유제품 제조 공장과 정육점은 경계가 명확하고 사업 영역이 뚜렷이 구분되어 특별히 훈련 받은 직원이 필요하기 때문이다. 더 중요한 이유는 유제품 제조 공장은 비교적 작은 공급권(우유는 날마다 생산자의 외양간에서 받아 와야 한다)에서 활동하는 반면, 정육점은 넓은 공급권이 필요하다는 점이다. 조합원의 농장에서 도살용 동물을 배송하는 빈도가 많지 않기 때문에 정육점은 광활한 지역이라도 어려움 없이 영업할 수 있다.

소비자협동조합의 전문화에 대해서는 이 책 뒷부분에서 더 자세히 다루도록 하겠다.

협동조합 기업의 수직적 계층화에 대해 몇 마디 덧붙이겠다.

협동조합 형태의 기업은 주로 개별 조합원의 결사체에 기반한다. 이러한 결사체를 **1차 협동조합**으로 분류할 수 있다. 1차 협동조합이 모여서 협동조합 연합 조직을 결성하면 **2차 협동조합**이 만들어지고, 중앙 조직이 **3차 협동조합**을 구성한다.

상급 협동조합은 특정 상품의 생산이나 분배를 목적으로 하거나 가맹 협동조합이 필요로 하는 서비스 즉, 법과 조직 문제에 대한 조언이나 회계 감사, 또는 이보다 훨씬 폭넓은 기능을 할 수 있는 특별한 협동조합이다.

예를 들어, 한 동네에 있는 여러 진보적인 소비자협동조합이 조합원에게 빵을 제공하기 위해 공동 빵집을 만들 수도 있다. 고기 요리도 이런 방식으로 공급할 수 있다. 스웨덴생협연합회는 이러한 협동조합에 대한 표준 규칙을 세웠고 적절한 업무 규칙을 발전시켰기 때문에 이런 종류의 협동조합이 성공했고 앞으로도 계속 성공할 것이다.

독일에서도 그렇듯이, 소비자협동조합은 넓은 지역을 대상으로 회계 감사 연합 조직을 구성할 수도 있다. 결국 소비자협동조합은 도매협동조합처럼 물품 조달과 생산을 위한 전국 연합을 결성하고, 신문 및 기타 인쇄물 출판과 같이 선전 활동과 교육 목적의 또 다른 전국 연합을 꾸릴 수도 있다.

서로 다른 목적을 가진 개별 연합 조직으로 전문화하는 사례는 여러 나라에서 찾아볼 수 있다. 그러나 원한다면, 가맹 조합을 위해 도매업 및 물품 생산을 맡고, 동시에 광범위한 은행 업무와 연합회 지역 위원회를 통해 운영하는 중앙 회계 감사, 선전 활동 및 교육, 출판 등의 업무를 도입한 스웨덴생협연합회와 비슷한 조직을 만들 수도 있다.

스웨덴생협연합회는 2차 협동조합에 속한다. 앞에서 말한 2차 협동조합인 빵집협동조합과 가공육협동조합을 빼고는 스웨덴생협연합회의 모든 회원은 1차 협동조합인 소비자협동조합이다.

스웨덴생협연합회는 세계 각국 연합 조직 중 절반 이상으로 구성된 결사체인 국제협동조합연맹의 회원이다. 노르웨이와 핀란드, 덴마크의 자매 조직과 함께 식민지 생산품을 수입하는 데 특화된 협동조합으로 스칸디나비아 도매협동조합연합회를 설립했다. 또한 스톡홀름과 오슬로에 있는 공장에서 전등 생산으로 특화한 루마협동조합을 만들었는데 이러한 국제 연합 조직은 모두 3차 협동조합이다.

스웨덴 농민들의 구매협동조합은 '연합회'를 만들어, 각 연합회가 한 군데 이상의 지방을 관할하도록 했고, 이러한 연합회가 모여 3차 협동조합인 스웨덴 전국농민연맹을 만들었다. 후에 농업 금융 조직과 유제품, 도축장, 달걀판매협동조합의 전국 조직도 이와 비슷하게 설립되었다.

상급 협동조합도 1차 협동조합처럼 자체 운영 조건에 맞게 로치데일 원칙을 적용한다. 협동조합으로 인정받고 싶다면, 출자금에 대해 통상 이자보다 더 높은 이자를 주면 안 된다. 상급 협동조합은 1차 협동조합과 같은 방식으로 출자금을 어느 정도까지 받을지 계획해야 한다. 조합 활동을 통해 생기는 잉여는 반드시 가맹 조합이 잉여금 형성에 기여한 정도에 비례해서 분배되어야 한다. 조합원 수에 상한선이 정해져 있지는 않지만, 연합회는 한 지역 협동조합이 관할하는 구역에서 그 조합 외에 다른 조합을 가맹시켜서는 안 된다. 1차 협동조합과 마찬가지로, 각 가맹 조합은 공동 사업을 결정할 수 있는 동등한 투표권을 갖는다. 그러나 만약 가맹 조합의 규모가 서로 크게 다를 경우, 민주적인 관점에서 볼 때 한 조합에 하나의 투표권을 주는 것은 매우 불만족스럽게 느껴지기 마련이다. 가맹 조합의 조합원 수에 비례해서 연합회의 투표권을 할당하면서도 소규모 조합이 대표 회의나 도매 회

의에서 너무 무력해지지 않도록 대규모 조합에 대한 일정한 제약을
두는 방식이 적절하다.[2]

영향력이 큰 유럽의 연합회는 예외 없이 구매협동조합과 연관되어
있다는 점에 주목해야 한다. 판매협동조합 중에서는 유제품 제조 공
장과 도축장만이 이와 비슷하게 성장할 수 있었고 그곳도 아직 일부
나라에만 국한된다.

이 장을 마치기 전에 협동조합의 본질에 대해 간단히 다시 설명하
는 게 좋겠다.

일반적인 주식 회사와 달리, 진정한 소비자협동조합은 경제적으로
독립된 존재라고 할 수 없다. 소비자협동조합의 상거래가 조합원의
가정 경제와 너무나 밀접히 연관되어 있다 보니 각 가정이 무력해서

---

2 핀란드의 원조 도매협동조합연합회가 "한 조합에 하나의 투표권을"이라는 정책
을 저버리기 원치 않았기 때문에 1916년, 핀란드 협동조합 운동은 두 갈래로 갈
라졌다. 영국 도매협동조합연합회의 경우, 저자가 제시한 두 가지 방식으로 각 가
맹 조합의 투표권에는 이제(1937년) 가중치가 주어진다. 현재 협동조합 규칙은
다음과 같다. "각 협동조합은 연합회의 조합원으로서 하나의 투표권을 갖는다.
또한 조합에서 구매한 금액이 1만 파운드가 되면 투표권 하나를 추가로 받고, 1
만 파운드가 넘은 금액 중 2만 파운드마다 하나씩 더 받는다. 각 협동조합의 대의
권은 총회 직전 12월까지 한 해 동안 조합에서 구매한 구매액에 따라 결정한다.
협동조합은 앞에 말한 대로 각 투표권마다 한 명의 대의원을 총회에 참석시킬 수
있다.

조합을 만든 것처럼 여긴다. 사실, 조합은 각 가정이 개별적으로 움직여서는 할 수 없는 특정 기능을 위해 여러 집이 함께 만든 조직이다.

소비자협동조합의 본질에 대한 이 설명을 처음 접한 사람이라면 소비자협동조합 형태의 기업을 굉장히 낮게 평가하는 것처럼 보일 것이다. 그러한 첫인상은 틀렸다. 가계 운영에 도움이 되는 것만으로도 소비자협동조합은 경제 발전 수단으로 진정한 가치를 지닌다.

3장
협동조합의 업무

현대 소비자협동조합 탄생 배경을 자세히 살피는 일은 이 책의 주제에서 벗어난다. 백년 전 영국 노동자의 삶을 간단히 들여다 보는 것만으로도 충분할 것이다.

기계가 도입되고 노동자의 생산력은 크게 높아졌다. 공예품 생산에서도 사람의 기술에 대한 요구 수준이 상당히 낮아져서 어른들을 대신해 공장에서 일하는 어린아이들이 아주 많았다. 같은 시기에 벌어진 나폴레옹 전쟁 때문에 많은 유럽 인구가 구매력을 거의 잃었다. 그 결과 산업 노동자들의 임금은 최저 생활 수준 밑으로 떨어졌다. 영국에서 사회 발전 지표로 인용되는 공식 조사를 보면, 밀과 기타 식품 도매가격과 비교해서 임금 노동자의 수입이 엄청나게 적은 것을 알 수 있다.

순트버그에 따르면, 1800~1830년 사이 영국의 밀 가격은 49.2퍼센트 떨어졌는데 방직공의 주급은 25실링에서 5실링 6페니로 78퍼센트나 급락했다. 스노든은 「일과 임금」이라는 글에서, 1793년에 한 쿼터에 49실링 3페니였던 밀이 1817년에는 126실링으로 올랐지만 방직공의 주급은 13실링에서 4실링 3페니로 줄었다고 적었다. 밀이 한 쿼터에 126실링일 경우, 일반 가정의 하루 밀 소비 비용은 2실링 5페니가 된다.

허더즈필드의 지서장은 밀이 오늘날보다 훨씬 더 귀했던 1830년에 근처의 전형적인 공장 마을인 슬레이쓰웨이트의 현황을 조사했다. 그 결과, 마을 363 가구의 평균 주당 수입은 11실링 2페니, 한 사람당 2실링 2페니였다. 당시 평균 근무 시간은 아침 5~6시부터 저녁 8시 30분~9시까지였다.[1]

임금 수준만 비정상이 아니었다. 일반 가정은 그나마도 얼마 안 되는 수입을 가지고 물건을 사는데, 앞서 말한 대로 중량을 속이거나 불순물을 섞는 등 온갖 도둑질까지 당해야 했다. 소매업은 지독히도 비효율적이었고 체계가 없었다. 노동자들이 상대하는 소규모 소매업자

---

1 『C.W.S. 이야기』 2쪽, 『할리팩스(Halifax)의 역사』, 맥스웰(Maxwell)의 『스코틀랜드 협동조합의 역사』를 참조하시오.

들은 대부분 소매업을 할 자격을 갖추지 않았다. 경쟁은 심했고 통제되지도 않았다. 소매업자들은 3~4단계의 유통을 거친 뒤에 물건을 사들이기 때문에 가격이 높아도 이익은 별로 남지 않았고 매출액도 적었다. 그래서 소매업자들은 수입을 늘리기 위해서라면 사기극도 마다하지 않을 실정에 놓여 있었다. 예나 지금이나 불운한 고객을 더욱 곤란하게 만드는 외상 판매 제도는 세계 어느 곳에나 있다.

일반 가정의 이익을 보호하는 게 시급함을 알 수 있다. 1843년 로치데일 방직공들이 작은 소비자협동조합을 시작하기로 했을 때, 이 협동조합의 기능 중 하나가 바로 가정의 이익을 보호하는 것이었다. 이는 로치데일 원칙에서 구매자를 존경하는 마음으로 정직하게 대해야 할 필요성을 강조한 것을 보면 분명히 알 수 있다. 오언에서 시작한 유토피아 프로그램에 따르면, 오언의 '공동체'라 불리는 공동의 자립형 식민지를 마련하는 것이 협동조합의 주요 목표 중 하나이다. 그런데 구매자로서 조합원이 당하는 착취에서 벗어나게 해 줄 절박한 필요성과 노력에 가려져, 이 프로그램은 사람들의 관심에서 멀어졌다.

이런 점에서 이 새로운 운동의 확산과 지속적인 발전을 보장하는 것은 사실 협동조합의 성공이었다. 상당히 많은 이전의 실험을 통해 지금까지도 건재한 협동조합이 설립되었지만, 여러 가지 이유로 더 많아지지는 않았다. 사실 오언주의에 기원을 두거나 그런 경향이 있는 실험은 심각한 체질적 결함 때문에 완전히 실패했다. 물론 오언주의의 애매하고 형체도 없는 기이함도 이같은 안타까운 결과를 가져오는데 한 몫 했다. 각 가정에서 로치데일 협동조합을 상품 공급 중개인으로 받아들이고 나서 로치데일협동조합은 성공했고 조직과 전략 사이에서 효과적으로 균형을 이뤘다. 이 과정의 원동력은 전임자들이 목적 없이 헤매던 안개 긴 고지대에서 내려와 단단한 땅에 정착해야 하는 상황이 주는 단순한 압박감이었다.

협동조합이 소비자의 경제적 이익에 실제로 기여하기까지는 꽤 오랜 시간이 걸렸다. 협동조합 운동에 대한 논의에서는 아직까지도 초기 프로그램이 영향을 미친다. 초창기의 많은 지지자들이 평범하고 보잘것없는 집안일로 바쁜 생활을 오언의 유토피아로 가는 길에 만나는 잠깐의 시간일 뿐이라고 말하는 것도 그리 놀랍지 않다.

로치데일협동조합이 실제 업무와 목표에 집중한 결과, 완전히 새로운 형태의 경제 생활이 등장했다. 고유한 목표와 기준을 채택한 로치데일협동조합은 당시 산업과 거래에서 혁신적이었다. 누구나 다른 사람의 희생을 바탕으로 최대한 많은 이익을 얻기 위해 노력해야 하는 법이라고 떠들어 댈 때, 협동조합인들은 좋은 조직과 기구를 통해 다른 사람이 일한 결과를 조금도 빼앗지 않고도 **공동의** 이익을 얻을 수 있도록 각 가정이 서로 협력해서 일해야 한다는 자체 원칙을 세웠다.

자본의 소유와 사업 운영은 별개라는 사실에 기반한 보통 기업과는 다르게, 협동조합은 재화를 필요로 하는 가계를 단지 보완하거나 집중화하여 개별 가정에 공동의 서비스를 제공하게 되었을 뿐 협동조합이 가계와 별개로 존재하지는 않는다. 이것이 의미하는 바에 대해서는 이미 강조했고 이 주제는 뒤에서도 다룰 것이다. 이 주제의 중요성은 다양한 시각에서 되짚어 볼 때만 충분히 이해할 수 있다.

19세기 초와 지금의 영국 민간 소매업을 비교해 보면 큰 차이가 난다. 기술도 물품도 크게 발전했다. 관련 당국의 통제도 더욱 강력해졌다. 가정주부도 자신의 주장을 단호히 펼치게 되었으니 이제 소매업자는 구매자를 더 정직하게 대하고 배려하게 되었다.

그럼에도 불구하고, 협동조합은 민간 소매업으로부터 가계 이익을 보호한다는 것만으로 널리 정당화될 것이다. 조직 자체도 민간 소매업은 협동조합보다 미흡한 점이 많다.

소비자협동조합이 스웨덴에서 무시할 수 없는 존재가 되었기 때문에, 민간 소매업도 많이 개선될 수밖에 없었다. 상점을 제대로 만들고 적합한 시설을 갖추었다. 소매업자 스스로도 업무를 보다 효율적으로 했으며, 직원 훈련의 가치를 높게 평가하고, 공동 구매를 위해 협력하기 시작했다. 그러나 이 모든 것이 충분히 이루어지려면 많은 시간이 걸릴 것이다. 수익이 나지 않는 작은 단위의 민간 유통 회사가 소비자에게 부담을 주고 있고, 특히 여러 가지 면에서 너무 비용이 많이 드는 신용 거래도 여전히 자유롭게 이뤄지고 있는 점에 주목해야 한다. 협동조합 조합원 수가 점점 늘고 유통을 보다 효율적으로 개선하면서 협동조합과의 경쟁이 민간 소매업자에게 압박을 주고, 그러면 민간 소매업은 개선에 더욱 힘써 공동체 전체의 이익을 점차 높일 것이다. 최근 스웨덴 일부 지역에서는 소매업자 수를 강제로 제한하자는 주장이 제기되었고, 도매업자와 제조업자의 지지를 받는 이들은 특정 소매업 분야에 새로운 소매업자가 더 나타나지 않도록 자신만의 조치를 취하기 시작했다.

이탈리아 사람들이 '법인 체제'라고 부르는 새로운 시도는 오래된 길드 사상의 부활에서 영감을 얻은 것이다. 이 법인 체제는 상품 생산량과 고용된 노동자 수에 미치는 영향은 무시한 채, 정부 조치로 소매업자에게 그들의 위상에 걸맞은 수입을 보장하려는 것 같다. 이와 같은 방향으로 조직적인 행동이 이루어진다면 설사 정부 지원이 없더라도 동일한 목적을 이룰 것이고, 만약 성공한다면 법적으로 소매업자 수를 제한하는 것과 같은 효과를 얻을 것이다. 규제를 통한 간섭은 기계적으로 작용해 사업가들 사이에서 개인의 효율성과 창의적 능력을 폄하하거나 완전히 외면하게 만드는 등 매우 심각한 불이익을 줄 것이다. 개개인이 자신의 자리를 지키기 위해 자기가 가진 것 중 가장 좋은 것을 내놓을 동기는 사라지고 마는 것이다. 길드 사상을 옹호하는 사람들에 따르면, 이러한 지역에서는 소비자협동조합도 규제 대상이 되고 지금 상태 이상으로 더 발전할 기회를 갖지 못하기 때문에 유통 조직을 발전시키려는 욕구도 생기지 않을 것이다. 따라서 생산도 부진해질 것이다. 다시 말해, 공공 복지도 향상되지 않고 그에 대한 소비자의 진정한 권한도 빼앗기는 등 그 지역의 경제 생활 전체가 구속 당할 것이다.

이러한 기계적 전략과 달리, 소비자협동조합은 자연스럽게 유통을 규제한다. 소비자협동조합은 공정하게 운영되기 때문에 보다 나은 체제로 앞장서 인도하며, 협동조합으로 인한 경쟁의 압박 때문에 비효율적인 유통 회사는 없어진다.

이와 함께 오늘날 소비자협동조합이 민간 소매업으로부터 가계를 보호하는 데 절대적으로 필요한 더 중요한 이유는 바로 소매업자 사이의 **가격 협정**이다. 예전에는 적어도 이론상으로 가격 결정의 자유라는 형태로 민간 소매업을 견제했다. 오늘날 소매업자들은 가격 카르텔을 잘 조직한다. 1920년 스웨덴 정부가 임명한 교역전문가위원회가 1922년에 발표한 조사에 따르면, 소매업협회의 가장 큰 문제는 상호 가격 담합이라고 한다. 교역전문가위원회가 활동하는 동안, 스톡홀름에서는 잡화상과 육류 소매업자로 구성된 3개 협회가 임명한 특별 위원회가 가격 담합을 하고 있었다. 이들이 관리하는 물품에는 멸치류와 빵, 가공육, 초콜릿, 곡물, 양초, 탄산이 들어있는 맥아주, 마카로니, 마가린, 밀가루, 소금, 청어 통조림, 구두약, 설탕, 비누, 완두콩, 식초 등이 있다. 매달 가격 목록을 발표하고, 더 중요한 중간 가격 변경은 신문에 광고를 하기도 했다. 이 제도가 어떻게 운영되는지는 스톡홀름 식품거래협회의 1921년 공식 보고서에서 찾아볼 수 있다.

식품 시장에 계속 관여하고 이를 규제하려면, 잡화거래협회와 협력하여 도매업자와 제조업자 모두 함께 업무를 배정하도록 노력하고 결정해야 한다. 어떤 소매업자가 서로 협정을 한 소매가를 지키지 않았을 때, 우리가 해야 할 일은 버튼을 누르는 것이다. 그러면 그 소매업자의 공급자가 곧장 그 말 안 듣는 가게 주인을 찾아가, 정중하지만 단호한 말투로 공급을 계속 받고 싶다면 추후 통보가 올 때까지 협정 가격을 반드시 지켜야 한다고 말할 것이다. 이 방법은 매우 효과적이었고 판매자 뿐 아니라 구매자에게도 도움이 된다.[2]

---

2 이는 약 4,000개 전매품(주로 조제 약품)의 최저 판매가를 통제하는 영국 전매품 거래협회(P.A.T.A.) 방침과 비슷하다. 이와 비슷한 운동이 잡화 부문에서도 진행되고 있다.

소비자 조직은 여기에 설명한 것처럼 영향력 있고 1921년 이후에도 전혀 약화되지 않은 이런 협회를 견제해서 이들이 터무니없고 지나친 가격 담합의 기회를 잡을 수 없도록 해야 한다. 각 개별 가정이 독자적으로는 이러한 소매업협회의 가격 담합에 대해 그 어떤 영향력도 행사하지 못한다. 그들이 안정적인 상호 거래 기업을 갖고 있을 때만 더 많은 수익을 좇는 민간 소매업자의 욕망으로부터 스스로를 지켜낼 수 있다.

수익에 대한 욕망에 사로잡힌 민간 소매업자가 판치던 이러한 상황에도, 협동조합은 90년 전과 마찬가지로 여전히 가정을 지키는 무기로서 굳건히 자리 잡고 있다. 스웨덴에서는 소매업자들이 소비자들의 요구에 짜증스럽게 대응하는 모습에 너무나 실망한 나머지, 새로운 협동조합이나 기존 협동조합의 새 지부가 계속 생겨나고 있다. 협동조합에 대해 아직 잘 모르는 지역에 새로운 협동조합이나 기존 협동조합의 새 지부가 생기면, 그 지역 소매업자들은 물품 가격을 낮출 수밖에 없다. 협동조합 매장이 생길 것이라는 소문만 퍼져도 종종 이같은 상황이 벌어지기도 한다.

이것이 현대의 독점 그리고 견제가 없을 경우 생기는 독점의 공격성으로부터 가정을 지키는 소비자협동조합의 역할이다.

앞서 말한 소매업의 공동 가격표와 기타 전략은 우리의 경제 생활을 괴롭히는 목표와 야망을 보여주는 사소한 사례에 불과하다.

1921년 스웨덴 트러스트법제위원회가 독점 기업과 협회에 대한 법안 초안을 제출했는데, 이 위원회 조사에 따르면 트러스트가 스웨덴의 교역과 산업의 상당 부분을 통제하고 있다고 한다. 이 위원회는 정부 사회국에서 1913~1914년에 조사한 스톡홀름의 1,355 가정의 식품 지출 가운데 독점 기업이 가격을 결정하는 상품 지출이 자그마치 45~47퍼센트라고 밝혔다. 이외에도 일부 사치품과 의류 지출의 상당 부분도 독점 기업이 장악했다.

다른 나라의 상황에 대해 위원회는 다음과 같이 서술한다.

현대 독점 조직은 독일과 미국에서 1870년 경 처음 등장했다. 소규모로 시작한 독점 기업들은 점차 빠르게 성장했다. 지금 독일과 미국의 많은 생필품을 독점 기업이 장악하고 있다. 영국에서도 독점 기업이 빠르게 성장하고 있고, 1919년 관련 당국은 머지 않아 독점 기업들이 영국 산업의 모든 부문을 지배하게 될 것이라고 말했다. 독점 조직의 중요도와 영향력 증가는 현대 서유럽 경제 조직을 갖춘 모든 나라에서 두드러진 현상이다.

트러스트법제위원회는 독점의 장점과 단점에 대해 설명하면서 월

등한 특화와 표준화, 대규모 확장과 관련된 비즈니스 경제, 시장에 대한 보다 엄격한 감독, 불필요한 운송 제거 등 독점 기업의 장점을 전혀 감추지 않았다. 이러한 장점 외에 다음과 같은 심각한 문제점도 지적했다.

독점 기업은 운영을 단순화하기보다는 지나치게 관료화하려는 성향이 있다. 일반적으로 독점 조직 형성에 따르는 과대 자본은 운전 자본의 경제를 상쇄하거나 이보다 더 중요하게 간주된다. 독점 기업은 이러한 가격 담합이라는 독점적 영향력을 행사하거나 오용함으로써 얻는 수익까지 자본화할 정도로 과대 자본을 추구한다.

우리는 독점 기업이 경쟁을 억제함으로써 말도 안 되게 높은 값을 매길 권한을 가로챌 기회를 손쉽게 얻는다는 사실을 경험으로 알고 있다. 물론 생필품일수록 소비가 눈에 띄게 줄지 않고도 가격을 강제로 올릴 수 있다. 그러므로 독점은 소비자에게 가장 약한 부분을 심각하게 해치고, 가장 어려움을 겪는 시기에 남용된다.

독점 기업이 제조를 목적으로 무엇인가를 구매할 때는 이익을 최대한 많이 남기기 위해 순손실이 발생할 정도로 구매가를 낮추곤 한다.

많은 트러스트 기업들은 가격을 조작해서 자신보다 약한 경쟁자에게 재정적으로 악행을 가하는 등 가장 기만적인 영업 방식을 사용한다.

상인은 일부 독점 조직의 회원에게만 제품을 판매하도록 강요 당할 수도 있다. 반대로 상품을 생산하는 트러스트의 경우, 유통업자에게 자신의 생산품만 취급하겠다는 약속을 강요하고, 다른 브랜드도 함께 판매하는 유통업자에게는 자신의 제품을 공급하지 않을 수도 있다.

협동조합에게 판매하는 물품에 대한 할인 금지나 심지어 협동조합에 대한 판매 금지 조항을 흔히 볼 수 있는 것으로 봐서 이러한 제약은 대체로 협동조합을 대상으로 한 것임을 알 수 있다.[3]

스웨덴트러스트법제위원회는 다양한 폐단 사례를 보여 주는데, 여기서 우리는 강력한 독점 기업의 전형적인 전략을 구사하는 골로쉬제조업자카르텔에 대해 다룰 것이다.

이 카르텔은 제1차 세계대전 전부터 방수용 덧신과 고무구두를 생산하던 4개 회사가 조직했다. 이런 제품을 더 이상 러시아로부터 수입할 수 없게 되고, 스웨덴 환경과 패션에 어울리는 방수용 덧신이 다른 나라에서는 생산되지 않았기 때문에, 골로쉬카르텔의 독점력은 굉장히 강했다.

---

3 이와 비슷한 사례로, 영국 전매품거래협회도 협동조합이 주는 배당금이 판매 당시 담합된 최저 가격에 배당금이 부가된 가격으로 판매해서 구매자가 이 가격을 지불한 경우를 제외하고는 협동조합이 전매품거래협회 제품 판매분에 대해 배당금을 지불하지 못하도록 금지한다. 이 규정을 어기면 전매품거래협회가 통제하는 모든 품목의 공급을 중단한다. (원역)

스웨덴트러스트법제위원회가 숙의하는 동안 효력을 가졌던 골로 쉬카르텔 협약에 따르면, 이 제조업체 네 곳은 방수용 덧신과 고무구 두에 같은 가격과 할인, 지불 방식을 지켜야 한다. 생산량도 서로 협의한 비율로 카르텔에 속한 제조업체에 분배되었다.

골로쉬카르텔은 소매가도 통제했고, 전쟁이 끝난 뒤에는 생고무 가격이 많이 떨어졌음에도 지나치게 높은 값을 매겼다. 이는 이 카르텔의 영향력이 얼마나 막강한가를 보여준다.

1911년 골로쉬카르텔 소속 4개 기업 총 자본금은 4백만 크로나(우선주 43만 크로나, 보통주 357만 크로나)였다. 1920년 즈음에 총 자본금은 1,423만 크로나로 늘어났으며, 이 중 보통주가 1,380만 크로나이고, 우선주는 43만 크로나로 전과 같았다. 1915년부터 늘어난 자본금 중 39만 크로나만이 신주 공모채로 발행되었고, 나머지 증가액 984만 크로나는 보통 주주들에게 보너스 형태로 지급되었다.

골로쉬카르텔의 순수익은 경이로웠다. 물론 보너스 주식 배분 때문에 상당히 부풀려지긴 했지만, 특히 1915년, 1916년, 1919년 자본금 대비 순수익은 각각 61.9퍼센트, 70.4퍼센트, 77.2퍼센트에 달했다. 1911~1920년의 총 납입자본금 439만 크로나 대비 총 순수익은 무려 3,500만 크로나에 육박했다.

골로쉬카르텔이 만들어졌을 때 소매업을 대상으로 한 할인이 줄어들었고, 소매업자들은 카르텔에 유리하게 만들어진 계약서에 강제로 서명해야 했다. 이를 어길 경우 단순히 재정적 불이익만 주는 것이 아니라 아예 공급을 중단해버렸다. 카르텔 제품을 구매하는 업체는 배송 당시 시가로 계절마다 일정량을 사야만 했다. 이미 말한 대로, 이 카르텔은 다양한 소매품 가격을 결정했고, 구매업체는 계약서에 따라 시가대로만 판매하기로 약속했다. 소매업이 아닌 다른 판매의 경우, 구매자는 소정 양식의 매출장에 서명을 하고 판매자는 그 매출장을 카르텔에 제출해야 했다. 소매업자가 계약한 총량을 시즌 말에 다 가져가지 못할 경우, 제조업체는 계약한 수량을 다 채우기 위해 상품의 종류와 수량을 자신이 원하는 소매업자에게 넘길 권한이 있었다. 소매업자는 이러한 조건 중 하나를 어길 때마다 최대 27파운드의 벌금을 물어야 했다. 제조업체는 계약서 상으로도 "배송하지 못하는 상황"을 이유로 공급 의무를 다하지 않아도 되었다.

이 사례는 독점의 목적을 그대로 보여 준다. 스웨덴트러스트법제위원회가 조사했던 해와 그 뒤 몇 년 동안 스웨덴 고무 산업에서 자유 경쟁은 흔적조차 찾아볼 수 없고, 소비자 역시 선택의 자유가 전혀 없었다. '자유 경쟁'이라는 단순하고도 감동적인 정의를 따라 더 나은 공공 서비스를 제공하려고 노력하는 중개상이나 제조업체들 중에서 어느 하나를 선택한다는 것은 이론에서나 가능할 뿐 현실에서는 전혀 일어나지 않았다. 어디나 상황은 같았다. 절대적 횡포가 만연했다.

그러나 골로쉬카르텔의 수익을 연구하는 이들이 횡포의 실질적 대상을 모른체하거나 계속 눈감아 줄 수는 없었다. 고무 제품 업체의 힘이 꺾이고 시장에 자유가 돌아온 방식은 매우 교훈적이다. 이는 아래에 간단히 설명했다.

언제 어디서나 사적 거래는 여기서 설명한 독점 체제와 비슷해지기 쉽다. 독점 체제가 되었다면 효과적으로 저항할 힘과 영향력이 없는 우리 세대는 가정용품과 다른 모든 물품의 공급이 자유를 질식시키는 분위기에 꼼짝없이 갇혀버리는 상황을 목격했을 것이다. 왕좌에 올라앉아 난공불락의 힘을 휘두르는 이기적인 권력은 우리가 사용하는 제품 품목을 정하고 그것의 가격과 품질도 좌지우지했을 것이다. 엄격한 가격 통제로 독점 기업이 최대 수익을 얻을 수 있을 정도까지 필수품 소비가 줄었을 것이다. 공공 복지와 전 국민의 자유는 상상할 수 없을 정도로 악화되었을 것이다.

이러한 두려움과 독점 기업의 심각한 권력 남용 때문에 지난 20년 동안 모든 나라의 여론은 현대의 독점 체제를 격렬히 반대했다.

이러한 반응은 지난 세기 말 트러스트의 모국인 미국에서 격렬한 정쟁 형태로 시작되었다. 독점 기업이 활동하는 다른 나라에서도 관련 법안을 상정했다. 관심 있는 사람이라면 독점 기업의 전반적인 운영과 가격 정책에 대한 국가의 조속한 통제를 제안하는 법의 초안이 된 스웨덴트러스트법제위원회의 보고서에서 많은 자료를 찾을 수 있을 것이다.

일반 대중에게 독점의 진정한 의미와 결과 그리고 독점 기업의 목표에 대해 명확히 알려주려는 노력의 가치를 부정하지는 않지만, 이러한 노력이 별 효과를 거두지는 못했다. 여하튼 미국에서는 이렇다할 결과가 없었다. 미국의 독점 기업 협정은 늘 불문법을 위반하는 것으로 보였다. 어느 굴지의 재단은 원하는 법안을 제출할 준비가 늘 되어 있었다. 많은 시간이 흐른 뒤, 트러스트와 트러스트 세력에 대한 엄중한 법안이 통과되었지만, 미국 상황을 아는 사람이라면 독점 기업이 계속 번창하고 영향력이 더욱 강해졌다는 사실을 부정하지 않을 것이다. 스웨덴 위원회가 보고서를 발표하기 전에도 독점 기업은 그들에게 혐오감을 지닌 여론을 유리하게 끌어내는 데 성공했다. 해외무역에서는 독점이 허용되어도 괜찮고 심지어 필요하다고 생각하는 사람들이 많았다. 또한 가격의 '안정화'를 독점의 장점으로 인정하기도 했다.

러시아 공산주의 체제와 속물적 유사성을 지닌 기업 이론의 등장으로, 다른 나라에서도 독점을 새로운 시각으로 보기 시작했다. 몇몇 나라에서는 트러스트에 대한 정부 통제가 독점을 위해 만들어진 카르텔이 매긴 판매 가격과 조건을 경찰이 보호해주는 것처럼 변하기도 했다. 영국과 노르웨이에서는 표면적으로는 분명 정부가 카르텔을 통제하지만, 카르텔을 합법화하고 각 카르텔이 관장하는 경제 활동 분야에 대한 책임과 권한을 모두 카르텔에게 주는 법안을 상정했다.

이미 발효 중이거나 상정한 법안을 보면, 정부와 민간 독점 기업 사이에 이루어진 기막힌 관계에 놀랄 수도 있겠지만, 정치의 불안정성을 아는 사람들은 그렇지도 않을 것이다. 독점이 발달한 나라에서는 독점 기업이 여론과 정부 정책의 큰 줄기도 좌우할 수 있다. 또한 독점 기업은 카르텔이 지닌 기업 정신이 사회주의로 가는 진정한 이정표인 것 마냥 사람들을 속이면서 자신의 목적을 위해 사회주의 세력을 주저 없이 이용할 것이다. 점점 활발해지고 있는 정당 간 거래를 활용하여 독점 기업은 세금 감면과 사회 복지라는 형태로 노동계에 보상금을 제공함으로써 자신의 목적을 쉽게 이룬다. 여기에는 소비자와 노동자의 큰 희생이 따를 수밖에 없다. 소비자는 제품을 비싸게 사야 하고 노동자는 적은 일자리와 낮은 임금으로 고통 받는다.

지도급 정치가들이 독점을 견제하고 독점의 해로운 성향을 억제하려는 **의지가 있다** 하더라도, 소비자들은 그들이 자신들의 정당한 이익을 보호해 주리라 기대할 수는 없다.

세상일이 그렇듯, 민간 기업에 대한 정부 통제는 늘 부족하다. 독점 기업은 대체로 규모 면에서 정부보다 더 크고 극도로 특화되어 있으며 방대한 분야에 걸쳐 세분화되어 있다. 과학 및 기술 기관에 있는 뛰어난 전문가만이 독점 기업 각 분야의 모든 요소들을 파악하고 이야기할 수 있다. 정부 통제가 제대로 이루어지려면 통제 대상 기업을 지휘하고 운영하기 위해 능력 있는 전문가들이 많이 필요하다. 그러나 이러한 전문가를 어디에서 찾을 수 있을까? 그리고 정부는 이들에게 어떻게 보수를 지급할 수 있을까? 완벽하게 효과적인 정부 통제는 절대 불가능하다.

제한된 수의 정부 관리자들이 아무리 정직하고 공적인 마인드를 갖고 일한다 하더라도, 독점 기업은 별 어려움 없이 그들의 목적을 이룰 것이다.

예를 들어, 관세 문제를 다루는 사람이라면 이런 저런 수입 관세의 인상 필요성을 입증하기 위해 무역업자가 제출한 생산 비용을 확인하는 게 얼마나 힘든지 경험으로 알 것이다. 그 뒤에 일어나는 일을 보면, 이러한 계산은 굉장히 과장되게 보인다. 왜냐하면 그래야만 대폭 삭감되더라도 추정치보다 훨씬 더 많은 수익을 거두도록 거래를 '보호'할 수 있기 때문이다. 이러한 논쟁의 사례는 전쟁 직후 일어난 설탕 문제에 대한 대응에서 찾아볼 수 있다. 당시 스웨덴 정부는 설탕 공급을 보장하기 위해 사탕무 재배자들에게 최저 가격을 보장하기로 약속했다. 이해 관계자들은 스웨덴 사탕무 재배를 계속하기 위해 모든 환경을 고려한 계산법으로 정부가 약속한 것보다 더 높은 가격을 제시했다. 공공의 이익에 열의를 가진 것으로 알려져 높이 평가되는 여러 유능한 관할기관이 이 계산법을 검증했다. 그러므로 이 가격은 공정하고 합법적이어야 했다. 그러나 의회의 관련 소위원회는 이 계산법이 확실한 자료에서 나온 것보다 너무 후하다고 판단했고, 그래서 가격을 더 낮추라고 권고했다. 사탕무 재배자 대표기구는 만약 의회가 소위원회의 권고를 받아들인다면 사탕무 산업은 망할 것이라고 예언했다. 의회는 그들의 애절한 경고에도 아랑곳하지 않고 소위원회의 보고서대로 실행했다. 이렇게 새로운 가격이 적용된 첫 해에 사탕무 재배는 전례 없는 수준으로 늘었고 수익은 그 전이나 그 뒤에 한 번도 이루지 못할 정도로 치솟았다![4]

이와 관련한 또 다른 흥미로운 사례를 보자. 스웨덴에서 식물성 기름은 용량에 상관없이 관세가 붙지 않았다. 스웨덴에는 민간 기업이 소유한 식용유 정제 공장 두 곳이 있었다. 그 중 칼스함에 있는 정제

---

4 제1차 세계대전 중 영국의 협동조합은 고기를 정해진 가격에 판매하면서 규제 상한선인 총 수익의 20퍼센트를 넘지 않을 수 없었기 때문에 육류 통제 규정을 적용할 수밖에 없다고 밝혔다. Chiozza Money의 『국가주의의 승리(Triumph of Nationalisation)』 참조.

공장은 다른 여러 나라가 정제유에 관세를 붙이지 않고 기름과 사료 부산물의 국내 거래가 아닌 수출에 대응하기 위해 준비할 때부터 있었다. 몇 년 전 두 공장 모두 문을 닫았고 의회가 식용유에 관세를 붙이지 않는 한 다시 열지 않겠다고 했다. 이를 지지하는 정제 공장과 다른 이들은 공장이 있는 두 마을의 일자리 창출을 통해 시의 세입을 올리고 높은 실업자 관리 비용을 낮추도록 촉구했다. 두 공장 소유자는 자유무역 아래에서는 스웨덴의 정유업이 다시는 수익을 내지 못할 것이라고 강력하게 주장했고, 관세 반대자들도 이 주장만큼은 반박할 수 없었다. 관세 반대자들은 유일한 반대 이유로 마가린 소비자의 이익을 주장할 수밖에 없었다.

1932년 스웨덴생협연합회는 칼스함 식용유 정제 공장을 사들여 운영했다. 소비자협동조합연합회는 자체 생산으로는 식용유 정제 공장 총생산량을 채울 수 없고, 생산한 식용유의 절반 이상과 동물 내장으로 만들어진 사료 대부분을 판매하기 위해 국내외 공개 시장에서 경쟁해야 했지만, 결과는 **식용유에 대한 관세 없이도** 매우 만족스러웠다. 의회에서 한 의원이 관세를 매기자고 제안했을 때, 생협연합회는 결사반대했다. 칼스함 정제 공장은 무제한 자유 무역 하에서 운영하는 전 세계 유일한 정유 공장이다.

이는 정부 관리들이 생산자가 제출한 산출 비용을 이론적으로 판단하는 게 얼마나 어려운가를 보여 주는 사례이다. 오로지 실제 경험만이 결정에 도움이 되고 생산자의 계산법이 극단적임을 알 수 있다.

독점 기업의 가격 담합을 실질적으로 통제하기 위해서는 경쟁을 되살려야 한다. 트러스트의 재정적 영향력에도 끄떡없는 생산력과 기술을 갖춘 새로운 기업을 설립하면 경쟁 체제를 다시 도입할 수 있다.

이 지점에서 소비자협동조합이 가정에 실질적인 서비스를 제공하기 위해 다시 등장한다. 정부는 필요한 경쟁을 되살리지 못하고 일을 하는 데 필수인 판매 시설도 갖추지 못하고 있다. 정부가 이를 갖추려면 공적인 독점 기업을 설립해 민간 독점 기업을 쫓아내고, 소매업자에게도 이 독점 기업에 복종하도록 강요해야 한다. 그러나 모든 나라에서 독점은 소비자로부터 공물을 착취하는 세금 기계로 자연스럽게 변해간다. 이 세금 기계는 직접적으로는 무제한의 재정 수요를 채우거나 독점 기업의 사업과는 아주 동떨어진 목적에 봉사하기도 하지만, 최악의 경우에는 오로지 명맥을 유지하기 위해 존재한다.[5]

운영을 잘 하는 소비자협동조합은 물품의 유통과 판매에 필요한 훌륭한 조직을 갖추고 있다. 조합원이 로치데일원칙에 따라 조합을 만

---

5 요즘 스웨덴에서 표면화된 국가 독점 논쟁에서 일어날 수 있는 정치적 오해를 피하기 위해, 정부의 독점 기업에 대한 저자의 의견은 1923년에 쓰고 1924년에 출간한 초판에서처럼 문자 그대로의 의미라는 것을 밝혀두어야 할 것 같다.

들고 기민하게 활동한다면, 조합원 가계를 돕기 위해 존재하는 이러한 조합은 외부의 재정 압박으로부터 자유로울 것이다.

독점 기업이 장악한 제조업에서 아직도 간간히 설립되는 경쟁력 있는 민간 기업은 단지 창립자를 위한 수익 창출을 위해 존재하기 때문에 독점 기업이 매력적인 제안을 하면 주저 없이 기업을 매각한다.

소비자들로 구성된 단체가 만든 경쟁력 있는 기업에게는 이러한 위험이 없다. 협동조합 기업의 목적은 상품 가격을 낮추거나 억제하는 것이다. 그런 능력을 얻은 조합을 매각한 후에 조합원들이 받은 매각 대금으로 새로운 사업을 시작할 권리를 포기해야 한다면 매각 가격이 제아무리 높더라도 소유자, 즉 소비자에게 조합을 매각하는 게 유리하다고 설득하는 것은 불가능하다.[6] 소비자협동조합이 목표로 하는 것처럼 자유 경쟁에서 얻은 이익을 조합원 가정에 되돌려준다면, 조합은 분명 나라의 독점 기업만큼 독립적인 기관이 되겠지만 독점 기

---

6 몇 해 전, 볼튼협동조합은 매우 유리한 조건으로 조합을 매각하라는 제안을 받았다. 1924년 1월, 한 금융 재단이 볼튼협동조합에 다음과 같이 통지했다. "매매를 제안한 구매자는 협동조합의 자산과 부채 모두를 넘겨 받고자 한다. 모든 조합원은 각자 보유한 자산인 20실링에 대해 22실링 6페니씩 받을 것이다." 10만 파운드를 착수금으로 제시했고, 자산 가치가 확인될 때 잔액을 지불할 예정이었다. 볼튼협동조합 위원회는 이 제안을 거절하며 다음과 같이 말했다. "우리 조합원들은 우리 조합이 매매 대상이 아니라고 이구동성으로 말했다." (원역)

업과 달리 조합원의 요구를 충족시킨다는 원래 목적을 엄격히 지켜야 할 것이다. 예를 들어, 과다한 생산 비용을 상쇄하기 위해 터무니없는 값으로 소비자를 괴롭힌다면 그 즉시 기업의 운명은 결정된다.

협동조합 연합 조직이 독점 기업 형성을 억제하거나 기존 독점 기업을 문 닫게 한 수많은 사례를 통해 위 설명이 이론적으로 타당하면서 현실에서도 유효하다는 사실을 확인하게 된다. 최근 스웨덴과 다른 나라에서 일어난 사건에서 이와 관련해 가장 계몽적이고 확실한 사례를 찾아볼 수 있다.

마가린 산업

1908년 스웨덴 마가린 제조업협회는 전국소매업연합의 요구에 따라 생협연합회[7]로부터 마가린 도매 판매 권한을 박탈하기로 결의했다. 1909년 1월 1일 시작한 연합회 불매 운동은 협동조합의 중앙 집중화나 연대를 막으려는 시도에 지나지 않았다. 당시 스웨덴 협동조합 운동의 규모는 조직이나 재정 면에서 비참할 만큼 미약했다. 스웨덴 생협연합회의 전체 조합원은 64,000명이었고 매출액은 2,500만 크로나(140만 파운드 미만)밖에 되지 않았다. 생협연합회는 1904년에 자기

---

7 스웨덴생협연합회는 도매협동조합이기도 한 점을 기억해야 한다. (원역)

자본 없이 도매업을 시작했고, 이러한 분쟁 때문에 실제 자본이 123,034크로나(약 7,300파운드)에 불과했다. 단위조합도 더 이상 기부할 수 있는 입장이 아니었다. 그럼에도 불구하고 1909년 1월 15일에 연합회는 카르텔과 관련 없는 작은 마가린 공장을 인수하는 데 성공했다. 그리고 펠러린과 제니스 두 공장이 연합회 자체 시설 설립 권한을 뺏으려는 음모의 주모자들이니, 두 공장의 제품을 불매함으로써 보복하자고 소비자들에게 촉구했다.

그러자 두 공장은 제품 가격을 내리는 방법으로 즉각 대응했고, 상인들에게는 이제까지 받았던 할인을 못 받을 수 있다고 협박하며 지역의 소비자협동조합 제품 불매 운동을 하라고 지시했다. 그 뒤로 마가린 가격은 엄청나게 떨어졌다. 두 달 만에 소매 가격이 1킬로그램에 20크로나(파운드당 1.5페니 이상)씩 떨어졌다. 원자재 값이 올랐지만, 소비자 가격은 오르지 않았다. 가장 규모가 큰 펠러린과 제니스 두 공장에게 불매 운동과 가격 인하가 어떤 영향을 미쳤는지 매출액과 결산 보고서를 보면 확실히 알 수 있다. 소비자협동조합운동과 싸우는 과정에서 두 개의 대기업 상품 소비는 눈에 띄게 줄었다. 유감스럽게도 두 기업의 카르텔은 깨졌고 1911년 3월, 결국 문을 닫았다. 이는 새로운 가격 전쟁을 불러일으켰으며 마가린 판매 가격은 그 뒤로 몇 년 동안 가장 낮은 수치를 기록했다.

생협연합회의 마가린 공장은 자금 사정이 어려워 운전자본을 제공한 임차인이 지금도 운영하고 있다. 그러나 생산량이 비교적 적다 보니 여전히 연합회가 소매 가격 결정을 주도하고 민간 소매업자에게 이 가격을 따르게 해서 카르텔이 깨진 이후 제조업체가 제공하던 대폭 할인 혜택을 소비자에게 돌려주게 되었다.

생협연합회는 애초부터 직접 생산을 염두에 두었지만, 기술로나 위생으로나 가장 좋은 시설을 확보할 수 있는 자본이 생길 때까지 직접 생산을 시도하지 않았다. 드디어 1913년에 연합회는 낡은 공장을 사들일 기회를 잡았다. 규모나 상태, 생산 용량이 더 좋은 새로운 공장을 구입하고자 했으나 제1차 세계대전이 일어나면서 연합회는 전쟁이 끝날 때까지 계획을 펼치지 못했다. 그러다 1921년, 노르셰핑에 있는 공장을 사들임으로써 대망을 이뤘다. 이 공장에서는 예전 공장보다 10배 이상을 거뜬히 생산할 수 있었다. 새로운 공장에서 연합회가 생산한 제품 가격은 금세 내려갔고 품질은 좋아졌다. 과장되지 않게 이뤄진 계산에 따르면, 연합회의 새 공장 가동 이후 스웨덴 소비자의 한 달 마가린 구매비는 약 120만 크로나(약 7만 파운드)나 줄었다.

민간 마가린 제조업체는 연합한 소비자의 힘을 인식하지 못했기 때문에 생협연합회를 무분별하게 봉쇄하려 했고, 이에 대해 연합회가 이와 같이 강하게 대응함으로써 민간 제조업자들에게는 만족스럽지 못한 결과를 낳았다. 마가린 가격은 해가 갈수록 떨어지다가 1934년에 평균 소매 가격이 올랐다. 1913년 공식 가격이 1파운드에 7.5페니였는데, 1919년 즈음에는 전쟁의 영향을 받아 1실링 11.75페니까지 올랐다. 1921~25년의 평균 가격은 11페니였고, 1929년에는 7.25페니까지 내려갔다가 1932년에 6.75페니, 1933년에는 약 7페니로 정해졌다. 최근의 평균 가격은 전쟁 이전인 1913년보다 더 떨어졌다. 생협연합회는 트러스트와 비슷한 품질의 상품을 늘 더 싸게 팔았다. 가격차이가 1파운드에 2페니가 된 때도 있었고, 대체로 1페니씩 차이가 났다. 물론 연합회 가격은 공식 평균 가격을 계산하는 데 포함되어 평균가격을 떨어뜨리는 데 많은 도움을 주었다.

  그렇다면 협동조합 공장과 트러스트 공장 사이의 경쟁이 가져온 결과는 무엇일까? 버터와 마가린 소비에 영향을 주었을까? 15년 전 비관주의자들이 예언한 대로 마가린 산업은 정말 망했을까?

  복잡한 통계 자료로 독자를 힘들게 하지 않아도 1925~1934년 약 10년 동안의 통계 자료만 살펴보아도 이러한 질문에 충분히 답할 수 있다. 버나우 박사가 그의 귀중한 저서 『스웨덴 정부와 농업 위기』[8]에서 제시한 계산에 따르면, 마가린 생산량은 이 기간 동안 31,998톤에

---

8 Staten och Jordbrukskrisen, 스웨덴생협연합회, 1935년, 134쪽.

서 62,510톤으로 늘었다. 수출량을 빼면, 국내 버터 소비는 71퍼센트 이상 증가했다. 같은 기간 국내 마가린 소비량은 40,086톤에서 53,806 톤으로 34.2퍼센트 늘었다. 연합회는 1935년에 약 15,000톤을 생산했는데, 이는 1925년 생산량의 1.5배를 넘는다.

이 기간 동안 버터와 마가린의 총 소비량은 꽤 많이 늘었으나 소비자가 부담한 비용은 그리 많이 늘지 않았다. 버터와 마가린 생산과 유통에 훨씬 더 많은 사람을 고용했고, 두 제품의 품질 또한 좋아졌다. 영업 실적도 만족스러웠다. 마가린 공장은 계속해서 순이익을 많이 남겼고 연합회의 재정 상태도 좋아졌다. 민간 기업의 공장도 마찬가지였던 것으로 봐서 지속적으로 가격을 내린다고 제조업체가 망하지는 않는다는 사실을 알 수 있다. 민간 제조사는 자체 제조업과 도매업을 꾸준히 합리화해 재앙을 피했고, 소비자의 욕구와 요구에 훨씬 더 귀 기울이게 되었다.

고무 산업

시장에 대한 트러스트의 권력을 논할 때, 스웨덴 고무 산업 트러스트의 가격 정책에 대해서는 앞에서 말했다. 1911~1924년 사이 납입 자본금 20만 파운드에 대한 고무 공장 카르텔의 총수익은 235만 5천

파운드였다.[9]

스웨덴생협연합회는 이 카르텔을 열심히 공격하기로 했다. 이러한 결심을 발표만 했는데도 방수용 덧신 가격은 한 켤레당 2실링씩 떨어졌다. 1926년, 스웨덴생협연합회는 규모가 꽤 큰 이슬라베드 고무 공장을 사들였고, 그뒤 고무 산업 카르텔은 사라졌다. 이로써 고무 구두 가격은 더 낮아졌다. 1922년, 신사용 방수용 덧신은 한 켤레에 7실링 6페니에 팔렸고, 연합회가 이슬라베드 공장을 사들이기 직전에는 8실링 6페니였다가, 3실링 6페니까지 천천히 떨어졌다. 협동조합이 고무 산업에 뛰어든 결과, 마가린의 경우처럼 소비자 지갑은 두둑해졌고 나라에도 이익을 가져다 주었다.

스웨덴 고무 구두 제조업체는 1913년에 354만 2천 켤레를 생산했는데, 1926년에는 469만 9,999 켤레를 생산했다. 그뒤 생산량은 가파르게 늘었다. 1927년에는 110만 켤레를 더 생산했고, 1928년에도 그만큼 더 많이 생산했으며, 1929년에는 추가로 30만 켤레를 생산했다. 1929년 이후 대공황 기간 동안, 생산량은 좀 줄었지만 1933년 즈음 다시 회복되어 620만 켤레를 생산했다. 1933년에 이슬라베드 공장 노동자들이 민간 공장 노동자들은 아무 말없이 받아들인 임금 삭감 액

---

9 1932년, 스웨덴생협연합회, 『왜 스웨덴 방수용 덧신이 소중한가』, 제3쇄 참조.

수보다 더 적은 임금 삭감을 제안했는데도 이를 거부하면서 이슬라베드 공장에서 오랫동안 임금 쟁의가 벌어지는 바람에 당시 생산량은 많지 않았다.

1926년부터 1929년까지 스웨덴 고무 산업에 종사한 노동자는 4,090명에서 5,672명으로 38.7퍼센트 늘었다. 고무 구두 가격이 많이 떨어졌지만 그렇다고 다른 장화와 신발 산업이 피해를 입지는 않았다. 같은 기간 가죽 신발 생산은 80만 켤레 이상 늘었고 공장 가치는 55만 파운드 증가했다. 또한 가죽 신발을 만드는 사람도 꽤 많이 늘어났다. 스웨덴생협연합회가 또 하나의 공장을 사들이거나 설립하기 위해 고무 제품을 더 많이 팔려고 노력할 때, 트러스트는 비스카포르스에 있는 공장을 연합회에게 팔겠다고 제안했다. 연합회는 1933년에 이 공장을 사들였다. 이 공장은 걸레와 튜브를 만드는 공장이었는데 연합회가 사들이면서 고무 구두 공장으로 바꿨다. 공장 생산량과 노동력은 향상되었고, 새로운 제조 라인도 계획했다.

민간 고무 공장 수익은 초기에 너무 높았던 데 비하면 당연히 많이 줄어들었으나, 투자한 자본에 비해서는 여전히 수익을 많이 남겼다.

전등 제조업
이제까지 살펴본 독점 기업 연합 조직은 전국 규모였다. 스웨덴생협연합회가 전등을 생산하기 시작하면서 강력한 국제 카르텔과 맞붙게 되었다.

1928년 9월, 생협연합회는 완벽하고 꼼꼼한 준비 끝에 협동조합 전등 공장을 스톡홀름에 세우기로 했다. 그러자 곧바로 국제 카르텔은 생협연합회의 결정이 미칠 영향을 무력화하기 위해 움직이기 시작했다. 그러나 연합회의 공장은 세워졌다. 공장 운영은 스웨덴과 노르웨이, 덴마크, 핀란드의 중앙 협동조합 조직으로 구성된 전문 조합이자, 세계 최초로 세워진 국제 제조업 협동조합인 전등협동조합이 맡았다. 전등협동조합은 이미 오슬로에 규모가 작은 공장을 가지고 있었다.

여기서 만든 전등에 붙은 '루마(Luma)'라는 이름이 이제 꽤 많은 나라에 알려졌다. 협동조합 루마공장 설립은 스코틀랜드에서도 승인되어 스칸디나비아에 있는 공장과 긴밀한 관계를 구축하게 될 것이다.

전등협동조합 출범 뒤 가장 놀랍고 분명한 결과는 전등 가격이 뚝 떨어진 것이었다. 일반 전등 가격은 1실링 4.25페니에서 10.25페니로 떨어졌다. 전등 1개에 6페니가 떨어지면 조합원뿐 아니라 스웨덴에서 전등을 밝히는 소비자들은 연간 약 25만 파운드를 절약할 수 있다.

치열한 경쟁 때문인지 호화로운 전등 선전 때문인지 루마협동조합 공장의 발전을 가로막지 못한 카르텔은 트러스트 특허 침해 소송을 제기했다. 하급 법원은 루마공장이 특허를 침해하지 않았다고 판결하며 카르텔에 2,375파운드를 청구했다.

　이 경우에도 마찬가지로 경쟁이 다시 시작되면서 상품 소비가 늘고 소매업이 살아났으며 협동조합 재정도 꽤 좋아졌다.

　이제까지 살펴본 사례에는 중요한 점이 많다. 각 사례들이 맺은 결실을 부정할 수 없고, 이로 인해 영향을 받은 모든 산업에서 이 결실이 매우 중요하다는 점은 의심할 여지가 없다. 협동조합의 개입이 사업 관점에서 매우 정당했고 성공적이었다는 점은 누구도 부인할 수 없다. 효율적인 경쟁 속에서도 민간 산업은 잘 살아남았고 거래도 어느 정도 늘었다. 소비자 입장에서 이것이 가장 계몽적인 사례라 해도 이의를 제기할 사람은 없다.

　스웨덴생협연합회와 독점 기업의 싸움은 더 중요한 효과를 갖는다. 거래 방식에서 드러나는 사람들의 생각을 엿보면 독점 기업이 극단적으로 소비자를 착취해야 생산의 결과물을 제대로 얻을 수 있는 것처럼 보이지만, 스웨덴생협연합회의 싸움은 이것이 올바른 방법이 아님을 산업의 선두 주자들에게 알려주었다. 소비자협동조합은 고무 산업 트러스트의 초기 전략을 멸시하는 기업가들을 포함해 대중의 이익에는 거의 관심 없는 사람들에게 건전한 경고를 쏘아 올렸다. 아마도 이 때문에 더 이상 스웨덴에서는 독점 기업의 권력 남용 사례를 찾아보기 어려워진 것일지도 모른다.

이와 더불어 스웨덴에서 협동조합이 미국처럼 미약했다면, 정부가 독점 기업을 적극적으로 통제**했음**에도 상품 가격 수준이 정부가 통제 **하지** 않는 지금 수준보다 분명 더 높았을 것이다. 더욱이 독점 기업의 가격 담합은 제조업의 생산 수준을 너무 낮게 고정시켜서 지금보다 훨씬 더 많은 악성 실업을 야기했을 것이다.

이 책 초판에서 1923년 스웨덴 사례를 통해 현대 독점을 효과적으로 억제하기 위해 소비자가 효율적이고 경쟁적인 제조업과 무역업을 구현하는 것이 재정적으로 얼마나 가능할지 의문을 제기했는데, 개정판을 통해 밝히는 답은 다음과 같다.

사실상 일반 가정에 필요한 모든 공산품 제조에 대한 것이라면 그 해답에는 의문의 여지가 없다. 대규모 식료품 유통업체를 설립하는 데 필요한 자본은 해당 분야 독점 기업의 퇴출로 절약할 수 있는 국민의 연간 식료품 소비액보다 훨씬 적다. 소비자가 직접 공장을 운영함으로써 개업 첫 해에 마가린 소비액이 1,400만 크로나(약 83만 파운드)가량 줄었다고 하자. 이 금액이면 전체 마가린 소비량을 바로 공급할 수 있는 규모의 공장을 세우고 설비를 갖출 수 있다. 이는 식료품이 아닌 다른 제품 제조에서도 마찬가지이다. 제1차 세계대전 이전인 1913년, 덴마크 협동조합이 자체 시멘트 공장을 가동했을 때, 덴마크 시멘트 가격은 일 년 동안 협동조합 공장 자본 비용의 4배 가까이 떨어졌다. 앞서 말한 스웨덴 방수용 덧신 산업에서도 몇 년 동안 독점 기업의 순수익이 독점 기업을 구성하는 기업들의 창립 자본보다 많았다.

그러므로 재정 면에서 보면 이 문제는 이론적으로 어렵지 않다. 그러나 흑자가 나는 규모로 생산할 수 있을 정도의, 소비자협동조합에 가입한 가정의 한 품목에 대한 총 수요 부족이 장애물일 수 있다. 이런 규모의 시설에서 생산한 상품은 규모가 더 큰 나라나 한 대륙의 수요에 맞먹는 경우도 있다. 이 경우에 전국 소비자연합 조직은 적절하지 않고, 더 작은 나라에서도 마찬가지로 연합 조직의 기능이 도를 넘고 있다. 그러나 여러 나라의 협동조합 연합 조직들이 공동으로 해결책을 찾아야 한다. 연대를 위한 준비는 현재 진행 중이지만 가치 있고 만족스러운 결과를 얻으려면 국제 관계와 조건이 달라지고 안정화되어서 정부가 더 이상 활개 치며 위협하지 않아야 한다. 정부는 더 이상 폭력으로 평화를 위협하지 않을 것이다. 국제도매협동조합연합회의 전면적인 생산적 프로그램을 구현하기까지는 시간이 오래 걸릴 것이다. 그러나 협동조합인들은 언젠가 이 프로그램이 구현될 것이라고 믿는다.

독자들은 앞서 간단히 요약한 스웨덴 협동조합 발전사에 비추어 이 해답이 얼마나 잘 뒷받침되는지 판단할 수 있을 것이다.

4장
협동조합과 민주주의

공동의 기업 운영에 참여하는 모든 사람의 동등한 권리라는 의미에서 민주주의는 협동조합의 필수 요소이다. 이는 조합원의 동등한 경제적 권리 유지를 보장하는 유일한 수단이다. 소비자협동조합은 조합원이 조합을 이용하며 지출한 금액에 비례해 조합원 가계를 개선하기 위해 존재한다. 하나의 지배적인 집단이 다른 조합원이나 조합원이 아닌 고객을 희생해 경제적 이익을 얻는 것은 조합의 목적이 아니다.

투표권에 등급을 매기면 많은 투표권이 한 곳에 집중되어 협동조합이 지배적인 소수에 의해 운영되는 일반 영리 기업으로 전락한다는 것을 경험으로 잘 알고 있다. 스웨덴 협동조합 헌장이라 할 1897법은 협동조합 형태의 조직에 대해 규정하고 있는데, 이 법이 시행되기 전에 보유 주식에 비례한 투표권을 갖는 주식회사 형태로 만든 소비자 협동조합은 대부분 이러한 수순을 밟았다. 이들 가운데 많은 협동조합이 조합원 가정에 대한 서비스를 저버리고 도매업 또는 일반 기업 유형의 개별 회사를 위한 판매 대리점으로 전락했다.

동등한 투표권으로는 기업 경영을 효율적으로 할 수 없다 하더라도 협동조합이 복식 투표를 도입해서 살아남을 수는 없다. 이렇게 되는 순간 협동조합이라는 지위를 잃고 영리 기업이 된다. 즉, **협동조합은 민주주의와 운명을 같이한다.**

협동조합은 모든 면에서 반드시 민주적이어야 한다. 이제 이런 일반 원칙을 실제 운영에 적용하는 것에 대해 이야기를 해 보자.

이는 모든 공동체, 특히 국가와 지방 정부의 경우와 비슷하다. 국가와 지방 정부에 적용되는 사안은 협동조합에도 적용되는 경우가 많다. 이 조직들의 문제에서 우리는 거대한 인간 군상의 다양한 요구와 살아 움직이는 현실을 다루는데, 이들의 행복은 집단 전체의 현실이 성공하는 것과 함께 구체적인 개개의 현실이 성공하는 것에 의해 크게 좌우된다. 역사적으로 이 문제에 대해 다양한 방법으로 여러 가지 시도를 했고, 지금은 뿌리 깊이 자리 잡은 상태이기 때문에 기초부터 다룰 필요는 없다. 그러므로 모두를 만족시키는 정교하고 추상적인 계획이란 불가능하고 실망만 안겨 줄 뿐이다. 우리는 공동체 전반에 가장 도움이 될 사안을 목표로 삼는 것에 만족해야 한다.

협동조합이든 다른 어떤 공동체든 이상적인 조직을 구상하고 어떻게 해서든 이를 실현해야 한다며 고집스럽게 밀고 나가는 일은 소용없다. 협동조합에서 펼치는 어떤 사업이든 필수 조건은 조합원을 만족시키는 결실을 얻고 공동체 조직을 통해 공동체가 실현하려는 목적을 충족하는 것이다.

공동체의 진전은 가지런한 철길을 따라 달리는 열차와는 다르다. 오히려 변덕스러운 바람을 이기며 넓은 하늘을 나는 비행기와 같다.

우리는 협동조합 조직의 문제를 해결할 때 이 모든 요소를 인식해야 한다. 이런 노력과 그 결과에 대해서는 뒤에서 자세히 다룰 것이다. 이와 관련해 몇몇 사례에서 민주주의가 효율적인 경영과 성공적으로 공존한 방법에 대해서도 이야기할 것이다. 그러나 동시에 민주주의의 진정한 뜻이 지닌 몇 가지 중요한 면에 주목해야 한다.

공동 사업 처리 과정에 동등한 투표권을 주는 것이 실질적인 민주주의의 전부이자 목적이라고 생각하는 사람이 많은데, 이는 크게 잘못된 생각이다. 동등한 투표권이 민주적으로 운영되고 결과 또한 민주적이려면 여러 조건을 반드시 갖춰야 한다.

우선 가장 중요한 것은, 결정 권한을 가진 사람의 역량이 허용하는 범위에서만 공정한 결정이 이루어질 수 있다는 점이다. 애매모호한 말처럼 들리겠지만 한두 개의 예를 보면 그 뜻을 알게 될 것이다.

예를 들어, 주 의회 유권자의 결정이 해당 주의 업무와 주 시민에게만 영향을 줄 때 민주주의 원칙을 해치지 않고 사업을 운영할 수 있다. 그러나 상거래에서 유사하거나 동등한 권리를 다른 주 또는 전국 유권자에게 주지 않아 동등한 권리를 제한한다면, 이는 민주주의 원칙을 해치는 것이다. 그러므로 민주 국가에서는 여러 행정과 입법 기구의 권한을 해당 헌법에 정확히 정의해야 하고, 다른 기관의 업무나 분야를 침해하는 결정은 반드시 무효 처리해야 한다.

물론 이와 마찬가지로 중요한 것은, 그 어떤 시민 단체도 해당 단체에 이익이 되거나 해당 단체를 대변하여 나라 전체 또는 다른 단체 업무에 영향을 주는 결정을 내릴 권리가 없다는 점이다.

예를 들어 일반 사병이 장교를 뽑을 동등한 투표권이 있어서 군대 내부는 민주적이라 하더라도, 군대가 정권을 장악하려 한다면 이는 민주주의에 완전히 반하는 것이다. 공무원 조직이 동등한 투표권으로 중요한 국가 업무를 단독으로 결정할 때도 마찬가지이다. 민주적으로 운영하는 정부에서 군대와 공무원 조직은 반드시 모든 국민의 투표권 행사로 드러난 집단의 뜻에 따라 일한다는 의무를 인식해야 하고, 정부 업무에 대해 어떤 독립적인 권력도 행사해서는 안 된다.

어느 마을의 상인들이 서로 짜고 시가보다 더 높은 값을 매겨서 마을 사람들에게 세금을 전가하는 일은 결코 민주적이지 않다. 또한 같은 상품을 만드는 제조업체들이 이와 비슷하게 모든 국민에게 세금을 전가하는 것은 제조업 관련자들이 동등한 투표권을 행사해서 그런 결정을 내렸다 하더라도 역시 민주적이지 않다.

둘째, 투표를 통한 결정권이 해당 업무 영역에서 행사되어야 한다는 점에 동의했다면, 민주적으로 관리되는 기관과 조직은 반드시 모든 투표자에게 투표권을 행사할 기회를 온전히 보장해야 한다.

헌법에서 보편적이고 동등한 투표권을 보장한다 하더라도 수도에 있는 단 한 군데 투표소에서만 투표해야 한다거나, 투표소가 충분히 있더라도 유권자 대부분이 투표할 수 없는 시간대에 투표하게 한다면 이런 나라는 소수가 지배하게 될 것이다.

이런 면을 강조하는 게 맡은 바 이상으로 일할 것을 가정하는 것은 아니다. 이것은 한눈에 알아보기는 어렵다. 실제로 민주주의를 위한 투쟁은 그런 의문들을 둘러싸고 빈번히 일어났다. 조직의 '당면' 문제에 대한 끊임없는 논쟁에서 보듯이 완전하고 제대로 된 합의는 아직 요원하다.

협동조합의 민주적 운영 문제는 규모는 훨씬 작지만 시 정부와 국가가 갖는 문제와 유사하므로 해결 방법도 시 정부와 국가의 그것과 비슷하게 적용해야 하며, 더 나아가 어느 정도는 국가 철학과 전망의 영향을 받는다고 할 수 있다. 이와 관련된 문제를 자세히 들여다 보면 매우 흥미롭다.

민주주의 운동의 진화 과정에서 가장 이상적인 모습으로 직접 민주주의를 꼽는데, 고대 그리스 도시 방식과 비슷하게 직접 민주주의에서는 모든 유권자가 의원과 정부 관련 심의 및 결정권자, 공무원과 장관 임명자를 뽑는다. 이들의 임무는 최고 의회가 자세하게 규정한 명령을 수행하는 것으로 제한된다. 근대로 넘어오면서 직접 민주주의는 언제나 이 마지막 조건을 충족하지 못하지만, 지금 전체 공동체 총회 대신 공동체 업무를 수행하는 대표자 회의로 대체하는 사안에 대해 최근 몇 년 동안 스웨덴에서 열린 공청회에서 보듯이, 그 외의 민주주의 근본 사상은 여전히 살아남았음을 알 수 있다.

그러나 다른 활동과 마찬가지로 정부 통제에도 특화가 필요하다. 그렇기 때문에 공동체 구성원들이 특정 프로그램에 지지를 표명함으로써 전체 방향과 계획을 정해주지만, 구체적인 집행은 그 일을 위해 뽑힌 정부 대표자들과 공무원들에게 맡기고 그들의 결정과 실행을 주기적으로 점검하고 평가해야만 모든 일이 순조로워진다.

소비자협동조합의 규모는 조합원이 20-40명 있는 두메산골 매장부터 수만 또는 수십 만의 조합원을 자랑하는 대도시 조합, 수천 명의 노동자와 직원이 있는 도매협동조합에 이르기까지 다양하다.

여기서 우리는 너무 원시적이어서 지금은 쓸모 없는 것을 빼고는 이미 알려진 모든 종류의 민주주의 실험을 발견하게 될 것이 분명하다. 대부분 민주 정부에 대한 이론을 잘 모른 채, 소비자협동조합 운동이 자신의 길을 한 걸음 한 걸음 개척해야 했기 때문에 이러한 실험을 연구하는 것이 더욱 흥미롭다.

소규모 협동조합의 문제는 간단하다. 총회에서 조합원들이 위원회를 임명하고 조합원을 대신해 조합 운영을 감독할 회계 감사를 임명한다. 위원회는 법규와 규칙, 총회에서 내린 결정에 따라 책임지고 조합을 운영하고 회계년도 말에 총회에 보고한다. 총회는 위원회가 제출한 보고서를 승인 또는 거부하는데, 거기에는 경영에 대해 위원회가 더 이상의 책임을 면제 받는다는 것이 포함되어 있다. 운영위원회는 스웨덴법에 따라 2년 이하 정해진 기간 동안 활동하지만, 총회에서 언제든지 위원을 해임하고 다른 조합원을 위원으로 임명할 수 있다.

전에는 총회에서 매니저를 임명하고 다른 직원을 뽑기도 했다. 이것을 민주적이라고 여겼지만 머지않아 결코 민주적인 방법이 아니었음이 밝혀졌다. 매니저가 운영위원회 위원과 동등하게 조합원의 신뢰를 받는 대표자 중의 하나가 되다 보니, 매장 운영에 대한 운영위원회의 권한과 운영 결과에 대한 책임은 모두 실질적인 의미를 잃어버리게 되었다. 조합원 지위를 가진 대표자에게만 부여되어야 마땅한 권력이 관리 직원에게 부여되었던 것이다.

스웨덴소비자협동조합에 맞게 고안되고 모든 중소 협동조합에서 채택한 표준 원칙을 인용하면 다음과 같다.

> 운영위원회는 사업 경영, 조합의 회계 장부와 거래에 대한 전반적인 책임을 진다. 그러므로 위원회는 매니저나 필요한 직원을 임명하고 그들의 보수를 정할 권한을 갖는다.

이 원칙에 대해 생협연합회가 만든 권고안에서는, 조합 총회에서 위원회에게 부적절하거나 사업에 해가 되는 경영안을 수행하도록 강요할 수 없고, 위원회가 조합 운영 과정에서 생기는 모든 일에 법적 책임을 지고 총회에서 설명해야 한다는 사실을 강조한다. 위원회가 권력을 남용해 재정 손실이나 손해를 끼쳤을 때 법적 소송을 할 수 있지만, 위원회를 해임할 수 있는 조합원의 권리가 당연히 더 위엄 있는 조치이다.

이러한 원칙은 조합원도 제한적이고 운영 규모도 그리 크지 않아서 모든 조합원이 총회에 참석할 수 있는 협동조합에 잘 맞는다. 그러나 규모가 큰 조합에는 충분하지 않고, 정반대 쪽에 있는 거대한 기업에게는 전혀 어울리지 않는다. 적절한 조직을 생각해 내기 전에는 이러한 조합에서 효과적인 민주주의를 이룰 가능성은 거의 없어 보였다. 하지만 민주주의는 모든 협동조합의 존재 조건이기 때문에, 대도시는 거의 예외 없이 **협동조합의 불모지**로 남아있다. 이런 시대에 제한된 범위의 지역 활동을 하는 작은 조합들의 연결망을 통해 대도시 수요를 충족시키려는 일은 어리석다.

대도시에서 민주주의를 효율적으로 실현하기 위한 첫째 방법은, 대도시를 적절한 규모의 여러 지역으로 나누고 각 지역의 조합원이 만나서 총회 전에 논의하고 처리안을 마련한 뒤 최종적으로 이 논의 결과를 총회에 제안해서 의사 결정에 이르게 하는 것이다. 이 방법은 시간이 많이 걸린다. 그러나 조합원이 조합 운영에 참여할 수 있는 확실한 틀을 만들고자 한다면 지역 모임을 관리 조직의 필수 구성 요소로 융합하는 방법을 찾아야 한다. 초기에 스웨덴의 대형 협동조합은 지역별로 조합원 협의체인 지역위원회를 구성해서 이 어려움을 해결했다. 지역위원회는 지역 모임에서 뽑힌 조합원 3~5명으로 구성되었다. 지역위원회 위원들은 함께 모여 조합의 운영위원회 선거에 나갈 후보를 추천했고, 이 후보들은 조합 총회에서 선발되었다. 그런데 이 제도에는 단점이 있다. 지역별로 조합원 수가 많이 다른데도 후보 지명에서는 모든 지역이 동등한 결정권을 갖는다. 또한 조합원들이 지역 모임에 참석하는 것만으로 의무를 다했다고 생각해 총회 본회의를 등한 시한다. 게다가 조합원으로 구성된 여러 작은 그룹들이 총회에 개입해 지나친 영향력을 행사할 수도 있다.

최대 규모의 스웨덴 협동조합은 이런 이유 때문에 대표자 제도를 채택했다. 가장 잘 알려진 스톡홀름소비자협동조합에서는 총회에 참석하고 싶어하는 모든 조합원이 아니라, 지역 모임에서 조합원이 직접 뽑은 대의원 140명으로 총회를 구성한다. 또한 직원은 조합의 위원회에 임명될 자격이 없기 때문에, 조합원 대표들에게 그들의 입장을 피력할 권한이 있는 직원 대표 5명이 총회에 참석한다. 대의원들은 예전 형태의 조합에 있던 비전문가 위원회와 비슷한 경영협의회 위원 15명을 뽑는다. 그리고 나서 이 경영협의회가 여러 부서의 부서장으로만 구성된 조합 이사회나 경영진을 임명한다. 모든 정보에 대한 권리를 가진 경영협의회가 경영진의 조합 운영을 감독하고 검토하며, 경영진은 부동산 거래 및 관련 문제, 신규 부서 설립과 같은 조합의 중요한 사안을 경영협의회에 제출해서 협의회의 의견을 확인해야 한다. 일반 업무는 온전히 경영진이 하고, 경영진을 구성하는 임원들이 자신의 부서를 책임진다.[1]

---

1 물론, 이는 바젤에서 유래한 '독일 제도'라고 널리 알려진 제도의 변형이다. 울리치의 로열 아스널(Royal Arsenal)협동조합은 최근 이러한 제안을 검토했지만 결국 반려했다. 런던협동조합도 이 제도를 주목하고 있다. 리즈협동조합은 투표를

경영진이 모든 직원을 임명하고 해고하지만, 경영협의회는 의견을 내고 고위 간부의 급여에 대한 결의안을 제출하며 조합을 대신해 해당 노동조합과 단체 협약을 맺을 권리가 있다.

적어도 지금까지는 이런 유형의 조직이 훌륭한 성과를 냈다. 지역에서는 조합원의 영향력이 더 강해진다. 경영은 효율적으로 이루어지고, 조합의 활동 경향과 방향을 결정하는 조합원의 권리는 약해지지 않았다. 대표자들을 통해 조합원이 운영을 통제할 기회는 더욱 강해지고 확대되었다.

이런 조직의 한 가지 특성은 특별히 얘기할 만하다. 지역 모임에서 뽑힌 대의원의 임기는 1년이고, 대의원 선거는 대의원 총회인 정기 총회 이전에 예상되는 모든 질문의 답변을 미리 심사숙고해서 결정한 뒤에 진행된다. 제출해야 하는 서류에는 보고서 승인 여부에 따라 임원의 책임 면죄 여부를 담은 지난 회계 기간 운영 보고서, 감사 보고서, 규칙 변경안이 포함된다. 규정이 없다 하더라도, 안건 투표 순서 때문에 실제로 이런 문제들에 대한 대의원의 권한은 반드시 필요하

위해 전체 영역을 4개 구로 나눠 각 구마다 지역위원회를 만들어 운영위원회의 지역 대표제를 갖추고 있다. 3개 중 하나의 지역위원회가 방문과 상담, 재고 조사를 목적으로 각 지사에 지명되었다. 구 대표제와 지역위원회는 영국 소비자협동조합에서는 꽤 일반적이지만, 경영위원회는 거의 예외 없이 그대로 남아 있다. (원역)

다. 대의원이 결정 전에 하는 토론에서 나중에 다수결로 결정된 것과 상충하는 의견을 임의로 제시하지 않는 한, 대의원들은 정기 총회에 참석해서 해당 지역 모임의 예비 결정을 관철시키려고 노력한다. 지역 모임에서 의무적으로 미리 다뤄야 하는 문제가 아니라면 대표자들은 상당히 자유롭다. 나는 정부와 공동체의 위압적인 권한을 반대한다고 공언한 사람으로서, 이러한 방법을 고안해 제시했다.

지역 모임에서 예비 결정을 내려야 하고, 조합원이 반드시 자신의 의견을 가져야 하는 모든 문제는 조합원이 충분히 판단할 수 있는 문제들이다. 지역 모임 전에 이러한 모든 사안에 대한 '승인' 또는 '반려' 결정이 이루어진다. 그리고 최종적으로 경영협의회 위원들과 경영진은 늘 지역 모임에 참석해서 결정에 앞서 진행하는 심의 과정에 참여할 권한이 있다. 경영협의회와 경영진, 회계 감사가 회의에서 제기하는 모든 사안은 해당 기관의 일원이 설명한다. 지역 모임 전에 결정한 것에 대한 최종 결정에서 그들의 입장을 대리인들에게 설명해주라고 요구하는 선거 방식은 민주적인 공동체 조직에 적용할 수 있을 뿐만 아니라, 그러한 조직을 위한 건전한 운영 규칙과 매우 잘 어울린다. 그러나 유권자가 함께 모일 기회가 없는 총회에서 대표자를 뽑는 경우에는 상당히 다르다.

조합원이 직접 결의할 권한을 아주 세밀하게 유지하고, 결정된 사안에 대해 책임질 조합원을 최대한 많이 확보할 수 있다는 점은 협동조합에 '의회 관련' 문제가 별로 없고 상대적으로 이해하기 쉽다는 사실과 밀접하게 관련된다. 이는 협동조합이 가계와 가계의 거래라는 단순한 영역을 전문으로 하면서 얻은 엄청난 수확이다.

여기서 우리는 구조가 민주적이지 않고 운영도 잘 안 되는 다양한 유통협동조합, 즉 조합원은 있지만 대의제를 갖추지 않은 조합을 자세히 연구해 볼 필요가 있다. 앞서 헌법에서 동등한 선거권을 보장한다고 명시했지만 투표소가 단 하나밖에 없고 그 투표소도 수도에만 있는, 규모가 큰 나라를 가정해 보았는데, 유통협동조합들이 바로 이런 식이다. 이론상 조합원은 조합 운영에 참여할 동등한 권리가 있지만, 그 권리를 행사할 방법과 시간이 부족하다. 소수의 사람들이 회의 장소 근처에서 조합 문제를 결정한다. 경험으로 볼 때, 이러한 '협동적' 조직은 설립자의 의지만을 따르거나 아니면 부도덕하고 부정직한 목적을 숨기는 겉치레가 되곤 한다. 따라서 이러한 조직이 진정한 대의제를 채택하지 않는 한, 이런 조직의 설립을 반대해야 한다. 진정한 소비자협동조합 중에는 이러한 조합이 없다.

민주적인 조직이라 할지라도 모든 경영자의 가장 중요한 임무는 당연히 효율적인 경영 시스템 도입이라는 게 정설이다. 사실상 여기에 적합한 경영자의 능력이 그의 유용성과 활력을 결정짓는 가장 중요한 요소이다.

이런 기준에서 볼 때, 민주주의는 협동조합 형태의 공동체에서 얼마나 성공적이었는가? 해답은 경험에서 찾을 수 있다. 모든 소비자협동조합은 자유롭고 자발적인 기관이어서 조합원이 자발적으로 동의한 것 이상의 것을 강요하는 어떤 세력도 없다. 또한 조합원은 조합이 다른 민간 경쟁 업체보다 가계에 더 도움을 주고자 노력한다고 자신의 경험을 통해 직접 느끼지 않는 한 조합을 이용하지 않을 것이다. 따라서 협동조합 사업의 발전 그 자체가 경영의 효율성을 평가하는 중요한 잣대이다. 소비자협동조합 운동에 성공한 나라를 보면, 조합원들은 협동조합 운동과 조합 시설 활용 여부를 자유롭게 결정한다. 이러한 자유는 농산품 구매나 판매협동조합에서는 찾아보기 힘들다. 스웨덴에서 이런 협동조합은 조합원에게 가입하고 5년 동안은 조합생산품만 구매하거나 조합에만 납품하도록 강요하는 경우가 많다. 이러한 강제 규정이 있는 조합에서는 조합의 운영 능력이나 조합이 제공하는 실질적인 이점을 제대로 판단하기가 매우 어렵다.

민주주의가 얼마나 확고하게 소비자협동조합의 운영 기준으로 자리 잡고 있는지 더 자세히 알아보려면 각 나라 협동조합 운동의 발전통계를 검토하고 동종 업계와 관련 업계에 있는 민간 기업과 공기업의 통계치와 비교 분석해야 한다. 안타깝게도 이러한 비교법은 아직 불가능하다. 협동조합 운동의 성장과 발전, 재무 상태, 운영비 등을 보여주는 통계 자료는 풍부하지만, 민간 기업의 관련 통계치를 얻기는 정말 어렵기 때문에 협동조합의 통계치가 별 소용이 없다.

일반적으로 민주적 원칙에 기반한 경제 활동은 불가능하다고 말하지만, 협동조합 형태의 기업이 승승장구함으로써 이 말을 확실히 반박할 수 있다. 영국 소비자협동조합만 봐도 현재 720만 조합원 가정에 생필품과 약간의 사치품을 공급하고 있다. 다양한 분야를 가진 세계 규모의 기업 중에는 영국 도매협동조합연합회(연 매출액 9,130만 파운드, 직원 46,107명)과 스코틀랜드 도매협동조합연합회(1934년 연간 거래액 1,770만 파운드, 직원 11,346명) 등이 순위 안에 든다. 영국의 도소매와 기타 모든 소비자협동조합의 정규직 노동자는 284,445명이었다. 영국과 북아일랜드 소비자협동조합의 1934년 매출액은 2억 7백만 파운드였다. 이 모든 게 1844년 이후에 만들어진 것이다.

스웨덴의 협동조합 관련 통계치는 훨씬 작은데 거기에는 그럴만한 이유가 있다. 스웨덴의 협동조합 운동은 영국보다 60년이나 늦었다. 그러나 스웨덴의 통계치를 보더라도 경영의 효율성은 떨어지지 않았다. 지금 스웨덴 전체 인구 가운데 3분의 1이 협동조합 운동을 한다. 활동적인 조합원 수는 지난 10년 동안 약 3배가 늘었고 재무 역량도 많이 좋아졌다.

동종 업계의 발전 양상과 효율 면에서 가장 잘 운영되는 협동조합은 그만큼 잘 운영하는 주식회사 형태의 영리 기업에 필적하고 때론 영리 기업을 넘어서기도 한다. 적어도 민주적으로 기업을 훌륭하게 경영할 수 있다는 **가능성**만큼은 충분히 드러났다. 반면 소비자협동조합의 **평균** 경영 능력이 민간 기업보다 훨씬 더 뛰어난지, 또는 협동조합 성공 요인이 소비자의 이익에 충실한 조합 자체 특성이나 구조인지를 묻는 질문에는 확실한 해답을 찾지 못한다. 이 질문은 나라 경제 차원에서 민주주의를 기업 경영에 보다 널리 적용할 가능성을 판단하기 위해 중요하지만, 경영학이 본격적으로 이 문제를 푸는 데 응용되고 재계가 충분하고 신뢰할만한 통계치를 제공해야 한다는 데 동의해서 진실을 파악하려는 관심이 충분해지기 전까지는 안타깝게도 해결되지 않을 것이다.

　　하지만 이 질문은 급하지 않다. 질문에 대한 연구가 민주적 기업 경영이 효율에서 확실히 우월하다는 점을 보여줄 수는 있겠지만, 민간 기업에게는 혁명을 불러일으킬 수도 있어서 어느 방향으로 나갈지 예측할 수 없다. 민간 기업에서 소수 권력은 협동조합에서 민주주의만큼이나 필수 구성 요소이다. 협동조합은 모든 사람을 초대해 조합이 제공하는 혜택을 널리 나누지만, 민간 기업은 수익이 흩어지지 않도록 최대한 주주권을 제한할 수밖에 없다. 이는 단순명쾌한 사실이다.

5장
협동조합 조직의 문제

협동조합 기업은 이제 너무 보편적이고 다양해서 구체적인 조직에 풍부한 기회의 장을 열어준다. 그러나 협동조합이 부딪치는 고유한 문제는 대체로 소규모 기업이 모여 만든 큰 단체에서 생기는 문제와 비슷하다. 따라서 이 문제를 다루는 것은 이 책의 주제에서 벗어난다. 여기서 우리는 협동조합 실제 조직의 문제, 특히 수많은 단순 편의의 문제만 간단히 살펴볼 것이다. 우선 앞 장에서 다룬 내용과 밀접히 관련된 문제부터 살펴보자.

규모가 커야 하나 작아야 하나?

　대기업은 모든 면에서 소규모 기업보다 우월하다고 생각하는 사람들이 있다. 상공업 여러 분야에서 경제 발전은 분명 규모를 키우는 쪽으로 관심이 쏠린다. 그래서 이 질문을 다룰 필요가 없어 보일 지도 모른다. 하지만 이 문제는 생각처럼 그리 간단하지 않다. 최근 몇 년 동안 대기업이 작은 기업들을 모조리 몰아낼 것이라는 소문이 떠돌았는데, 농업의 상황은 그런 소문을 완강히 몰아냈다. 소규모 기업은 오히려 끊임없이 진전하고 있다. 거의 사라졌다고 여겨지던 수공예품조차도 되살아나 대기업에 빼앗겼던 영역 일부를 되찾는 뚜렷한 경향을 보였다. 무역과 산업에서는 꾸준하게 합병이 이루어졌는데, 특히 대량 생산에 적합한 제품과 중량품 제조, 은행업, 특히 상업 은행업에서 두드러졌다. 스웨덴에는 소규모 상업 은행은 거의 없지만, 저축 은행의 경우 중소기업과 대기업 모두 존재한다.

　협동조합 운동의 발전으로 조합원이 20명 안팎인 작은 조합에서부터 10만 명이 훌쩍 넘는 거대한 매장에 이르기까지 모든 규모의 기업이 등장했다. 이 사실은 대기업과 소규모 기업 중 어느 기업이 좋은지를 묻는 질문에 대한 답이라고 할 수 있다. 협동조합은 우호적인 환경에서 거대한 기업으로 성장하고, 작은 기업으로 있는 게 더 적절할 때는 소규모로 머물게 된다.

여기서 한 가지 고려해야 할 점이 있다. 열성적이고 성실한 협동조합인은 새로 등장한 거대한 협동조합을 불안하게 바라보며 협동조합의 미래를 위협하는 존재로 여긴다. 이들은 기술이나 상업적인 면에서 대기업의 우월함에 대해 논쟁하고 싶어하지도 않고 논쟁할 능력도 없지만, 협동조합 운동의 민주주의 정신을 위태롭게 하고 그로 인해 협동조합이라는 존재 자체가 위험에 빠질 수도 있음을 두려워한다.

다른 유형의 협동조합을 연구할 때에도, 조합원 수를 늘리기 위해 다른 마을이나 교구의 조합원까지 받는 것을 강하게 경고한다. 특히 농촌신용협동조합 설립자 라이파이젠은, 조합원들이 "다른 조합원의 지갑을 훔쳐볼" 수 없을 정도로 규모가 커서는 안 된다고 믿었다. 조합원은 서로의 재정 상태와 정직성을 잘 알아야 한다.

이런 조합의 규모는 현실적으로 작아야만 한다. 그러나 그 이유가 활동 범위가 너무 넓어지면 조합원이 경영에 참여할 수 없기 때문이 아니라, 조합원이 대출자의 부채에 대해 연대 책임을 져야 하기 때문이다. 대부분 나라에서 시행하는 연대 책임과 무한 책임에서는 조합이 너무 크지 않아야 조합원이 서로를 알고 보증할 수 있다.

소비자협동조합 운동에서 협동조합의 활동 영역을 제한할 이유는 없다. 조합원은 다른 조합원의 채무를 책임지지 않고, 다른 조합원의 일 처리 방식에 개입할 권한도 이유도 없다. 그러므로 중요한 것은 조합원이 조합 경영에 동등한 영향력을 행사할 기회가 있는지 여부다. 이 기회가 온전히 지켜진다면 조합이 너무 커질까 봐 두려워할 이유가 전혀 없다.

앞 장에서 설명한 대의제를 도입하면, 모든 조합원의 동등한 권한을 손상시키지 않고 원하는 대로 조합을 안전하게 확장할 수 있는 길이 열린다. 전국 규모의 협동조합 활동을 중앙으로 집중화하려는 계획은 실제로 여러 나라에서 논의되었다. 이 계획이 성공하려면, 독점기업이 잃어버린 지위를 다시 찾으려고 필사적으로 노력하는 것을 막아야만 한다.

지금으로서는 더 제한된 범위에서 문제가 생긴다. 이런 문제는 작은 조합들을 통합해 하나의 큰 연합체로 만드는 것처럼 가장할 때 생기는데, 스스로 만들고 돌봐온 조합에 대한 조합원의 자부심과 소유권에 내포된 가치 때문에 통합이 매우 어렵다. 조합이 오래될수록 그리고 재무 상태가 탄탄할수록 통합은 더 어렵다. 하지만 협동조합이 조합원 사이에 더 깊은 유대감과 동료애를 가지고 진정한 공동체 의식을 쌓아가는 흥미로운 사례가 많다. 경험으로 봐도, 두 개 이상의 조합이 통합된 뒤에 원래 소속되었던 각 조합의 조합원들 사이의 불화는 거의 찾아볼 수 없다. 신중하게 계획한 중앙 집중화가 가져오는 사업 이익이 상당히 많기 때문에 통합 전에 가졌던 무관심이나 오해도 금세 사라진다.

소비자협동조합에 거대 조직이 필요한 이유는 우선 유통과 지역 생산을 보다 합리적으로 조율할 수 있기 때문이다. 포장재와 보존재, 조리 식품과 식량을 공급하는 중간 규모의 협동조합이 도매협동조합연합회의 도움으로 더 큰 규모의 기업과 비슷한 혜택을 제공할 수 있다. 반면 이런 기업은 빵이나 상하기 쉬운 고기류 공급, 옷과 장화, 신발과 가정용품을 공급해서는 수익을 많이 낼 수 없다. 인기가 많은 사업 영역이라 경쟁 민간 기업이 많고 광범위한 경우에 특히 그렇다.

다른 관점에서 다른 조건이 갖춰질 경우 대기업이 선호 대상이 될 수 있다. 대기업은 소규모 기업보다 예상치 못한 일에 덜 동요한다. 매장이 하나밖에 없는 작은 조합의 관리자가 안타깝게도 실력이 부족하다면, 결과는 재앙에 가까울 것이다. 그러나 분점을 50개 가진 대규모 조합이라면 이같은 사소한 불행이 초래하는 결과도 쉽게 감당할 수 있다. 규모가 큰 조합은 조합의 다양한 부문을 관리할 전문가를 보다 쉽게 채용할 수 있고, 물품 배송도 더 경제적으로 조율할 수 있다. 자본 운용도 더 효율적으로 할 수 있다.

물론 이 모든 장점은 결국 조합원 가정에 스며든다. 이것이야말로 모든 나라에서 볼 수 있는 대규모 소비자협동조합의 경향이며, 스웨덴에서는 훨씬 두드러지게 나타난다. 이제 어디에서나 협동조합 운동 발전의 주역은 아직 수가 많지는 않지만 규모가 큰 조합이다.

이 내용과 매우 밀접한 또 다른 문제도 말이 나온 김에 다뤄 보자.

전문협동조합 또는 일반협동조합?

1장에서 말했듯이, 소비자협동조합 성장 초기에는 한 지역에 식료품, 우유 등을 공급하거나 빵과 가공육을 생산하는 개별 기업이 여러 개 있었다. 또한 노동자를 위한 협동조합 식당과 협동조합 카페, 협동조합 장작 판매점도 있었다.

지금은 낯설어 보이겠지만, 소비자협동조합 운동을 판매 제품 종류나 거래에 따라 분류해 보면 한 마을이나 공장 지대에 전문화된 협동조합이 여러 개 있었다.

이러한 전문 조합들은 위험을 분산하려는 잘못된 판단 혹은 이미 잘 운영하는 조합을 위해 더 많은 출자금을 모을 수 없었기 때문에 생겼다고 한다. 이런 추세가 처음 나타났을 때, 많은 조합에서 최소 출자금을 5~10실링밖에 받지 않았고, 예비 자금과 가치 하락에 대한 대비는 너무 허술했다. 서로 다른 그룹이 다양한 사업을 시작했다. 예를 들어,

20~30년 전 제빵협동조합 설립을 이끈 사람들은 제과점 노동자들이었는데, 그때만 해도 노동자생산조합과 소비자협동조합의 근본 차이를 알지 못했다. 그래서 제빵협동조합을 제과점 노동자들의 공동 사업으로 발전시키려던 애초의 목표를 이루지 못했다. 왜냐하면 소비자들에게 조합에 자금을 대고 판매를 도와 달라고 호소해야 했고, 자연스럽게 소비자 조합원에게 그들이 지원한 금액만큼 경영에 참여할 권리를 주어야 했기 때문이다. 이 과정에서 서로 다른 이해관계에 있는 사람들 사이에 불화가 생기기도 했다. 이 새로운 사업체는 곧 소비자를 위한 기업이 되었다.

현명한 협동조합인이라면 소비자협동조합은 반드시 동질적이고 보편적이어야 한다는 점을 명확하게 알고 있을 것이다. 거래 분야에 따라 협동조합 운동을 나누기 위해 서로 다른 직업을 가진 사람들이 개별 기업을 만드는 것도 현명하지 않다. 조합원들의 요구 사항이 완전히 다를 때에만 이렇게 나누는 것이 옳다. 만약 빵만 먹거나 아니면 고기만 먹고 사는 사람들이 한 마을에 함께 산다면, 서로에게 맞는 전문 협동조합이 있을 수도 있다. 그러나 사람의 욕구는 거의 비슷해서 한 기업이 그 욕구를 충분히 채워줄 수 있을 것이다. 이 단순한 진리를 이해하고 행동으로 옮길 때에만 진정한 진보가 이루어질 것이다.

생산 조직

본질적으로 소비자협동조합은 배타적으로 조직화된 소비를 충족시키기 위해서만 생산해야 한다. 그러나 협동조합인들조차도 이를 간과할 때가 있다. 초기에 지역 생산업체의 규모가 너무 커서 그 지역 소비자들이 필요한 만큼 사다 써도 생산품을 다 소비하지 못하는 경우가 많았다. 스웨덴 소비자협동조합이 만든 제과점도 그랬는데, 수지 타산을 맞추기 위해 해당 지역이 아닌 다른 조합에도 빵을 팔아야 했다. 스웨덴 고유의 빵인 통호밀빵은 이를 가능하게 했다. 이 빵은 만든 곳에서 아주 먼 데까지도 팔 수 있어서 어느 민간 제빵업자는 이 빵을 북미로 대량 수출하자고까지 했다. 많은 소비자협동조합은 주민과 조합원 수요보다 훨씬 많이 생산할 수 있는 통호밀빵 공장을 만들었고, 그 결과 다른 영리 기업처럼 협동조합들이 서로 경쟁하게 되었다.

스웨덴생협연합회 무역생산부 부장인 앨빈 요한슨이 만든 해결 방안에 따라, 연합회는 협동조합 원칙을 어기는 행위를 바로잡을 가능성을 타진해 보았다. 해법은 지역 조합의 통호밀빵 공장을 스웨덴생협연합회에 넘기는 것이었다. 이 중 일부 공장은 아직 가동되고 있지만, 주된 생산은 스톡홀름에 있는 연합회 소속 트레 크로나 제분소 근처에 전적으로 이를 위해 만든 큰 공장으로 집중되었다.

일반적인 부드러운 빵 생산은 지역 조합에 맡기는 게 당연하다. 하지만 지역 조합 규모가 너무 작아서 제과점을 만들 상황이 안 되거나 그들을 합병할 수 없는 실질적인 이유가 없다면, 여러 지역 협동조합이 만든 2차 협동조합 산하 전문 조합에 맡겨야 한다.[1]

이와 비슷한 사례가 다른 나라에도 있다. 최근 협동조합이 생산한 제품을 생산 수준이 낮은 도매협동조합연합회에 수출하자는 이야기가 영국도매협동조합연합회로부터 많이 나왔다. 스웨덴은 이 제안이 협동조합 원칙을 무너뜨릴 수 있다며 반대했다. 수입국의 소비자들은 수출국 소비자협동조합에 어떤 영향력도 행사할 수 없기 때문에 이들의 관계는 영리 기업의 관계와 똑같다. 그러나 설상가상으로 기존 도매협동조합연합회가 자신의 이익을 위해 수출업을 시작하면서 나중에는 같은 시장에서 여러 협동조합이 경쟁하게 되고, 여느 경쟁 방식과 마찬가지로 상대의 발전을 방해해야만 이익을 얻게 될 것이다. 이렇게 되면 이제껏 여러 나라의 협동조합연합회 사이에 이루어졌던 좋

---

1 이는 스코틀랜드와 영국 북부의 제과점협동조합연합회에서 성공적으로 시행한 계획이다. 연합회 가운데 규모가 가장 큰 글라스고우(Glasgow)의 제빵협동조합연합회는 창립 멤버 협동조합들이 제과점을 운영하지 못하는 단계를 오래 전에 벗어났지만 여전히 유지되고 있다. 이런 경우에 제빵협동조합연합회로 하여금 저자의 규제를 따르도록 하지는 못하겠지만, 당연히 통합의 필요성을 지적하고 있다. (원역)

은 관계가 끊어질 수도 있다.

지금은 아무런 주저 없이 다른 나라의 관련 조직에게 자신의 경험과 기술 업적을 자유롭게 공유하고, 서로의 발전을 축하해 줄 수 있다. 이들이 서로 경쟁하는 일은 정말 어리석다.

국제협동조합연맹의 스웨덴 대표[2]는 로치데일 원칙에 따라 국제 소비를 담당하는 협동조합은 **모든 구매 조직의 공동 자산이 되어야 한다고** 주장해왔다. 이 주장은 옳다. 덴마크, 핀란드, 노르웨이, 스웨덴 소비자도매협동조합연합회의 상호 구매 조직인 스칸디나비아 도매협동조합연합회(Scandinavian C.W.S 덴마크 코펜하겐 소재)를 위해 만든 루마 램프 공장은 스웨덴생협연합회 회장 앨빈 요한슨을 통해 생협연합회로부터 나온 계획이지만, 모두 이런 생각을 바탕으로 만들어졌다.

다양한 연합 방법

1장에서 협동조합 연합 조직의 다양한 형태에 대해 자세히 말했는데, 여기서는 각 연합 조직의 장단점을 살펴보기로 하자.

---

2 앨빈 요한슨과 저자인 아너스 오르네이다. (원역)

이 문제에서는 두 가지 면을 고려해야 한다. 첫째, 다양한 요구를 충족시키기 위해 소비자협동조합에 대한 복수의 연합회를 만들어야 하는지. 둘째, 하나의 전국 연합 조직이 구역별로 나눠져 있는 경우와 구역별로 독립된 협동조합이 연합해서 만든 전국 조직 중 어떤 게 더 나은지를 판단해야 한다.

한편으로는 교육과 선전 활동, 협동조합 전반의 정책 마련, 자문 역할을 하고, 다른 한편으로는 사업의 목적인 거래를 위한 전문 연합회를 도입한 소비자협동조합의 사례를 영국에서 찾아볼 수 있다.

후자의 경우, 협동조합들이 연합해 두 개의 도매협동조합연합회를 만들었는데, 그 중 하나는 잉글랜드와 웨일스를 위해 다른 하나는 스코틀랜드를 위해 만든 것이다. 이렇게 지역이 나뉜 이유는, 스코틀랜드의 협동조합이 잉글랜드와 웨일즈 연합회에 소속되기를 요청했지만 상위 연합회인 영국도매협동조합연합회가 당시로서는 스코틀랜드까지 영업을 확장할 수 없기 때문이었다. 두 연합회를 통합하자는 논의가 여러 번 있었지만, 아직까지 결실을 맺지 못했다.

영국협동조합연합회의 조직은 두 도매협동조합연합회와는 독립적이고, 지역 조합과 앞에 말한 두 도매협동조합연합회 그리고 생산협동조합을 제외한 작은 규모의 아일랜드농업도매협동조합연합회의

동등한 조합원 권리를 우선시한다.[3]

대부분의 나라에서 소비자협동조합은 이와 같이 연합회를 만들었다. 예외로 노르웨이와 스위스, 스웨덴에서는 영국의 협동조합연합회가 맡은 일과 소비자협동조합에 물품 배달하는 일 모두를 한 조직이 담당한다.

어떤 시스템이 옳을까? 경험상으로도 확답할 수 없다. 각 나라의 협동조합인들은 자신들이 적용해 보고 가장 잘 아는 시스템에 매우 만족한다. 스웨덴에서도 연합회를 부문별로 나눌 생각이 없고, 잉글랜드에서도 협동조합연합회가 맡은 일을 도매협동조합연합회에 넘기라는 제안에 강하게 반대할 것이다. 단, 두 도매협동조합연합회를 하나로 합친다면 이러한 제안을 받아들일 수도 있을 것이다.

이 주제를 공정하게 생각해 보면 이렇게 말할 수 있다. 서로 구조적 연관성이 적은 조직이 각자 맡은 활동을 나누는 일은 늘 만족스럽지 않았다. 두 조직의 활동이 협동조합 발전에 반드시 필요하고 끊임없이 서로 긴밀하게 접촉해야 하지만, (두 조직의 대표자 회의에서 간혹 건네는 의례적 인사말을 인용하자면) 교육과 선전 활동 부문의 "비현실적인 이상주의자"와 영업 조직의 "무신경한 유물론자" 사이에는 긴장

---

3 영국협동조합연합회와 잉글랜드·스코틀랜드 도매협동조합연합회는 선전 활동과 조사, 의회 활동, 업무 회의 등 일부 활동을 공동으로 맡는다. (역)

감이 생길 수밖에 없다. 전체를 포괄하는 단 하나의 연합회가 있는 곳에서 협동조합은 확실히 여론에 더 많은 영향력을 미치며, 각 협동조합이 협동조합의 원칙을 지키게 할 가능성이 높다. 물론 국가 사회주의 혁명 이전 독일처럼, 전에는 별개였지만 실제로는 밀접히 연관된 두 조직이 훌륭한 결과물을 내놓을 수도 있다. 1차 협동조합은 처음에 회계 감사 연합 조직을 꾸렸고, 그 뒤에는 도매협동조합(Grosseinkauf-sgesellschaft, 또는 G.E.G)이라는 연합 조직을 만들었다. 이 두 조직은 협동조합 전반의 영업과 경제 정책을 통제하는 독일소비자협동조합 중앙회의 동등한 조합원이었다. 독일소비자협동조합중앙회와 도매협동조합연합회 운영의 상호 관계도 신중히 조율되고 보호되었다. 그러나 오래 정착된 이런 관계는 나치 독재로 급격히 달라졌다.

이 문제에서 고려해야 할 또 다른 면은 바로 계단식으로 거래 활동과 기관을 조직하는 편의주의다. 예를 들어, 1차 협동조합을 위한 지역연합회를 만들고 그 위에 3차 협동조합인 전국 연합회를 만드는 것이다. 다시 조직된 스웨덴농업협동조합이 이런 식으로 만들어졌기 때문에 문제가 드러났다. 이러한 시스템은 스웨덴처럼 단일 민족으로 구성된 작은 나라에는 그리 적합하지 않다. 제1차 세계대전 이전의 독일이나 미국 같은 연방국가에 훨씬 더 적합한 시스템이다. 반면, 구성원에게 강요할 권한이 없는 협동조합에서 이 시스템은 파벌주의와 일시적 유행으로 끝날 수 있다. 또한 조합의 조직과 조합원에게 진정한 협동조합 정신을 고무시키는 데에는 지역 협동조합의 뜻이 많이 작용하고, 중앙 및 최종 기구에는 권한이 주어지지 않거나 아예 없을 수도 있다.

6장
협동조합과 경쟁

여러 해에 걸쳐 소비자협동조합은 확고하게 자리 잡았던 독점 제조업을 무너뜨렸다. 새로운 소비자협동조합이 어느 분야에 뛰어들면, 소매업자들이 억압하던 거래에 자유 경쟁이 되살아나고 소매업자는 더 이상 독점해서 가격을 통제할 수 없다. 소비자협동조합은 앞서 살펴보았듯이, 오로지 독점에 반대하기 위해 존재한다.

한편, 협동조합 사상을 다룬 출판물들은 경쟁 체제를 맹비난한다. '협동'이라는 단어 자체가 경쟁 체제에 대한 저항이라는 뜻을 담고 있으며, 협동조합 방식의 거래를 창안했던 사람들은 양심에 어긋나는 경제 전쟁을 멈추고 모두의 선을 위해 공동의 노동을 조직화하는 것을 목표로 삼았다.

그렇다면 한눈에 보기에도 분명한 이 원칙과 실제 사이의 모순을 어떻게 설명할 수 있을까? 원칙적으로 우리는 경쟁 체제를 거부하니까 자유 경쟁을 되살리기 위해 노력하기 보다는 트러스트가 시장을 장악하도록 내버려두고 트러스트를 지배하는 권력만 요구하는 게 일관되지 않을까?

이 문제는 생각보다 복잡하고, 협동조합 운동을 옹호하는 사람들이 이제껏 연구하지 않은 주제이다. 그래서 많은 협동조합인들도 이 점에 대해 반신반의한다. 협동조합인들 사이에 맨체스터 자유주의에 대해 협동조합답게 저항하라고 강요하는 경향이 있는 것은 사실이다. 그들의 주장은 원래 의미의 경쟁뿐만 아니라, 협동조합 사업과 관련한 일체의 경쟁을 거부할 정도로 매우 극단적이다. 이러한 경향은 특히 제1차 세계대전 직후에 많은 지지를 얻었다. 이때 국제협동조합연맹에 제출된 여러 결의안 중, 나라들끼리 경쟁하지 않도록 연맹이 여러 나라에 원자재를 배급하는 국제 배급제를 모색해야 한다는 제안이 나온 것이다!

이 문제를 명확하게 이해하려면 협동조합에서 경쟁 개념의 당연한 논리적 귀결로 전개된 과정의 결과가 어떠했는지를 생각해 봐야 한다. 제1차 세계대전 후반에 스웨덴은 생필품에 대한 열강들의 생각에 따라 보급품을 통제하는 이점을 누리기는 했지만 이것을 그다지 원하지는 않았다. 그런 스웨덴이 더욱이 평화로운 시절에 또 다시 이 같은 상황에 직면할 제안이나 합의에 가담할 수는 없다. 이제부터는 명확한 협동조합 원칙에 따라 발전한 자유 경쟁 개념이 모든 형태의 경제적 경합에 대한 두려움과는 전혀 공통점이 없으며, 이와 유사한 제안을 만들어 낸 것은 바로 이 경제적 경합에 대한 두려움이었음을 분명히 하고자 한다.

이 문제를 평가하기 위해서는 그에 대한 역사를 연구해야 한다. 이 연구를 통해 이론과 실제 사이의 분명한 모순이 사라질 것이다.

소비자협동조합의 시작과 확대를 위한 필요 조건은 재화의 물물 교환과 모든 사람의 경제적 자유, 특히 소비자가 자유자재로 구매력을 행사할 수 있는 권리를 확실히 보장한 체제라고 말할 수 있다.

가족의 노동력만으로 자급자족하던 가내 공업 시대에는 소비자협동조합 같이 대규모로 물품을 공급할 업체가 필요하지 않았다. 중세 때 길드는 동업 조합 외에 모든 경쟁을 금지했다. 교역과 사업에 참여하는 마을 사람들은 대부분 상인과 직공이었다. 조수들은 보수의 대부분을 현물로 받았다. 그때는 지금처럼 임금을 현금으로 받는 노동자가 거의 없었다. 일부 간부와 감독관조차도 현금 대신 임대료를 내지 않고 농장을 빌려 쓰는 형태로 보수를 받곤 했다.

근대의 기계화와 전문화 그리고 분야마다 노동이 분화되면서 대량 생산과 엄청난 매출이 가능해지고 이윤을 추구하는 교역이 번성하면서 지금은 이러한 거래가 일반화되었다. 이는 협동조합 운동을 시작할 수 있는 좋은 조건이기도 했다.

근대적 형태의 영리 기업과 소비자협동조합은 모두 같은 토양에서 성장했다. 하지만 그 뿌리는 다르다. 영리 기업은 상거래 원칙에서 유래하고, 소비자협동조합은 가장 단순한 형태인 가족 단위의 가계에서 출발한다.[1]

이윤을 추구하는 거래는 가족 시스템에서 출발해 가족 시스템을 무너뜨렸다. 새로 등장한 세력은 개인 기업을 위한 확실한 무대가 필요했다. 이것이 그들의 경제 원리인 맨체스터 자유주의를 낳았고 능력 있는 철학자들은 이 경제 원리를 확장해 나갔다.

일련의 사건들을 대략적으로 언급했는데, 그 어떤 형태의 경제도 처음부터 다른 경제와 분명히 구분되는 모습을 보이지는 않는다. 재화와 용역의 교환이 늘 이루어졌던 것은 분명하다. 아담 스미스는 그의 저서[2]에서, 지금까지 그렇게 많은 이익을 안겨주었던 노동의 분화는 인간에게 잠재된 "물건을 교역하고 물물교환하려는 성향"이 느리지

---

1 아너스 오르네의 『협동조합 프로그램(Det Kooperativa programmet)』과 『협동조합(Kooperatismen)』 참조.
2 『국부론』 제1권, 제2장.

만 서서히 드러난 것이며, 이 과정에서 교환에 따르는 엄청난 이익은 별로 주목 받지 않는다고 말했다. 오래 지나지 않아 물물교환의 규모와 형태가 성장하여 사람들의 생활 조건과 사상, 정치적 발전까지 지배할 수 있을 정도로 경제 시스템이 확장되었다.

아담 스미스와 그의 유파가 정형화한 경쟁 원리는 개인의 이익 외에는 경제 발전에 작용하는 다른 어떤 동기도 인정하지 않는다. 조셉 가르니에는 다음과 같이 말한다. "경쟁은 동일한 이익을 얻으려는 사람들이 고군분투하는 상호 노력이다. 경쟁은 모든 인간 활동에서 모습을 드러내며, 특히 산업과 상업에서 경쟁은 무슨 수를 써서라도 **타인을 희생하여** 권력을 잡으려고 노력하는 인류의 보편적 투쟁의 한 모습일 뿐이다. 경쟁은 필요로 하는 재화가 충분치 않아서 더 많은 재화를 확보하려는 사람이라면 누구나 마음에 품는 매우 자연스러운 욕구이다. 다시 말해, 경쟁은 인류의 보편적이고 자연스러운 동기이자 공동체의 이익을 위해 법으로 보호되어 조화로운 조절 장치 역할을 하는 사적 이익에서 비롯된다. 경쟁은 공동체 활동에 끊임없이 새로운 활기를 불어넣는다. 몽테스키외의 표현에 따르면, 경쟁은 **"산업의 영혼이자 원동력이다."** 경쟁은 끊임없이 산업을 추진하기 위해 반드시 필요하며, 소비자나 일반 국민은 이를 통해 제대로 공급받게 될 것이다."[3]

　개인의 경제적 자유를 절대 억압해서는 안 된다는 원리와 함께 개인의 이윤 추구 목적이 경제 활동의 원동력이라는 생각은, 이 책 앞 부분에서 말했듯이 무시무시한 사회적 폐해를 낳았다. 생산직에서 일하는 소비자는 공동체에 속한 부를 "더 많이" 소유하려는 노력의 첫 희생양이 되었으므로 있는 힘을 다해 경쟁을 거부했음을 이해할 수 있다. 하지만 여기에는 심각한 오류가 따른다. 사업의 원동력은 다른 이가 생산한 것을 무단 도용하기 위한 노력이 아니라, 개인이 원하는 것을 자연에서 얻고자 자연에 맞설 수밖에 없는 필요에서 나온다. 또는 주변 사람들보다 더 능력 있어 보이고 싶어 하거나 더 큰 만족감을 얻으려는 소망일 수도 있다. 그러므로 생산을 하게 만드는 보편적인 동기는 **필요성**이지, 타인의 희생을 통해 이익을 얻으려는 열망이 아니다. 후자는 오히려 우발적인 요소이다. 나아가 사람은 진정한 이익이 예상되는 곳이라면 어디서나 공동의 기반을 토대로 함께 일할 것이고, 이렇게 공동으로 노력하기 위해서는 타인이 얻은 결실을 도용하려는 동기보다는, 오로지 기존 자원을 최대한 이용하여 예속과 약탈로부터 자유로워질 수 있다는 가능성이 필요함을 역사가 보여주고 있

3　조셉 가르니에(Joseph Garnier), 『정치경제학 개론』 제5판, 파리, 1863년.

다. 사람들은 약탈하려고 노력했던 것만큼 자유를 위해서도 어떠한 시련과 고난도 달게 받곤 했다.

개인에게 자신을 위해 최대한 많은 것을 가져갈 수 있는 권리를 허용하면 머잖아 경쟁 자체가 망가지고, 이로써 자유 경쟁이 확실하게 구축해야 하는 사적 이윤 추구라는 통제 장치가 사라진다는 점도 기억해야 한다. 사업체를 운영하거나 필수 생산 요소를 통제하는 사람들은 경쟁보다는 서로 힘을 합쳐 공동의 이익을 위해 재화와 용역의 가격을 올림으로써 공동체의 다른 사람들로부터 특별한 공물을 갈취한다.

협동조합은 이윤 동기를 폐기하는 대신 맨체스터 자유주의가 놓친 다른 힘을 중심에 뒀다. 그것은 바로 노동의 대가로써 자신이 원하는 재화와 용역을 최대한 조달하고 싶어하는 사람들 본연의 마음이다. 협동조합은 이윤을 만들어내기 위해서가 아니라, 가족 구성원의 요구를 충족시킬 수 있는 물품을 얻기 위해 옛 가정 경제를 지금 경제 상황에 맞게 조정해서 근대적인 형태의 가정 경제를 도입할 것이다. 다시 말하지만, 욕구 충족 수단인 재화와 용역에 대한 직접적 관심은, 맨체스터학파가 말하는 이윤 추구와 마찬가지로 진정한 경제 동력으로 작용한다.

이제 경제 활동의 원동력으로 작용하는 이 새로운 개념으로 경쟁 원리에 대한 협동조합의 입장을 분명하게 밝혀야 한다. 둘 사이의 첨예한 대립은 협동조합 관련 책에서 경쟁에 대해 많은 비난을 하는 것으로 확인할 수 있었다. 그러나 사회의 근간을 흔드는 부도덕하고 이기적인 도둑질을 비난하고 대안을 찾기 위해 노력하면서, 사회의 어떤 단계나 조건에서 서로 다른 경제적 이해관계 사이에 갈등이 불가피하다는 것을 부인하지는 못한다. 만약 협동조합이 비효율적인 영업 방식을 보다 효율적인 방식으로 대체하는 게 정당하다는 사실을 인정하지 못할 만큼 극단으로 치닫는다면, 결국 협동조합 자체의 존재와 발전에 필요한 조건을 스스로 부정하는 꼴이 될 것이다. 이에 대해 더 자세히 논하도록 하겠다.

우리가 이제까지 이야기한 소비자협동조합에서는 모든 경쟁이 저절로 사라진다. 물품은 모든 이에게 동일한 가격으로 공급되고, 규정상 모든 조합원은 조합을 이용하고 조합에서 물품을 구매함으로써 잉여를 만들어내는 데 기여한 비율에 따라 사업에 따른 잉여를 나눠 받을 권리를 갖는다. 공급을 유도하기 위해 미리 주문함으로써 가격을 맞추는 게 조합원의 역할이다. 맨체스터 자유주의에서 적절한 가격을 매기기 위한 필수 요소이자 농산물 공개 시장에 여전히 존재하는 상호 경쟁은 소비자협동조합이 활동하는 무대에서는 소비자협동조합 덕분에 사라지게 되었다. 단위 조합은 소비자협동조합의 상급 조직인

연합회로부터 조합원에게 필요한 물품을 대량 구매하기 때문에, 이 단계에서도 소비자 사이의 경쟁은 사라진다. 또한 협동조합이 자체 생산을 할 경우에 경쟁은 매장 계산대에서 훨씬 더 멀어지게 된다.

만약 협동조합이 상품의 모든 유통 체계를 관장하는 궁극적인 수준과 결과를 목표로 계획을 구상한다면, 실제 원가만이 유일한 가격 결정 요소로 작용할 것이다. 그러면 소비자는 노동을 통해 얻은 결실 중에서 원하는 물품을 얻는 대가로 지불하는 일정 부분을 희생할지 말지를 결정만 하면 된다.

원칙적으로 이는 노동 계급 가정이 일정 재화를 생산하기 위해 필요한 노동의 투입 여부를 결정해야 했던 가내 공업 시대 시스템을 재생산한다.

그러나 이것이 자유 경쟁의 핵심 요소를 배제하는 것은 아니다. 소비자협동조합은 일반적인 조건에서 조합원의 요구를 최대한 충족시키기 위해 존재하기 때문에, 물품을 구매할 때 가장 경제성 있는 공급원을 선택하고 가장 품질이 좋은 물품을 최저 가격으로 구매하기 위해 노력해야 한다. 협동조합이 이런 임무를 성공적으로 해 내지 못한다면, 협동조합의 존재를 더 이상 옹호할 수 없다.

몽테스키외에 따르면, 경쟁은 여전히 재화의 공정한 가격을 결정하는 최종 결정권자이자 조절 장치이다. 그러나 더 이상 전처럼 혼란스럽고 파괴적인 경쟁은 아니다.

소비자협동조합은 조직화된 구매자들을 위해 일한다. 소비자 운동을 하나의 실체로 본다면 큰 기업이 구멍가게를 몰아냈다. 분명 더 낮은 가격 덕분에 섞음질을 하거나 품질이 조악하고 무게와 중량을 속인 제품을 무지한 소비자에게 팔아 넘길 수 있었던 기업 간의 부도덕한 전쟁은 사라졌다. 추가 할인과 염가 판매, 고객 유지를 위해 제공하는 선물, 종업원에게 주는 판매 수수료 등 쓸데없는 장치들 역시 사라졌다.

가격을 자연스럽게 형성하려면 선택 가능한 다양한 대체품에 접근할 수 있어야 한다. 이 사실을 잘 아는 유럽소비자협동조합은 외부 압력이 있든 없든 간에 협동조합을 위한 그 어떤 특권이나 독점적 지위도 단호히 반대했다. 협동조합은 전 국민의 요구를 충족시키기 위해 필요한 생필품을 대량 생산할 능력을 갖추기 위해 노력한다. 그러나 협동조합은 오로지 민간 기업보다 더 많은 이익을 소비자에게 줄 수 있는 능력을 보여줌으로써 배타적인 지위를 가져야 한다. 이런 기대를 저버린다면, 협동조합도 보다 능력 있는 기업과의 경쟁에서 완패하는 열등한 기업이 겪는 운명에서 벗어날 수 없다.

협동조합이 아무리 강력해진다 해도, 민간 기업이 사라지지는 않을 것이다. 대규모 산업이 아무리 그렇게 하고 싶어도 수공업자는 사라지지 않았다. 또한 아무리 자유로운 공동체에서도 완벽하고 순수한 교환 경제가 발견된 적은 없었다. 앞으로도 그런 일은 없을 것이다. 협동조합은 우월한 경제적 효율성으로 시장을 장악할 수 있지만, 아무리 조합이 잘 된다 하더라도 민간 기업도 살아남으리라는 사실은 분명하다. 소비자협동조합이 운영을 잘해서 그 지역의 유일한 공급자가 되더라도 이런 의미에서 경쟁의 영향력에서 벗어나지도 벗어날 수도 없다. 경쟁의 **가능성**은 늘 존재하고, 공식 가격 통계를 사용한다면 조합원은 언제든지 다른 지역과 자신이 속한 지역의 조건을 비교할 수 있다. 소비자협동조합이 지역의 모든 경쟁자를 몰아낸 경우는 거의 없고, 앞으로도 그럴 것이다. 협동조합이 크게 발달한 곳에도 민간 기업은 늘 있다. 협동조합이 잘 운영되지 않는다면 이들 민간 기업은 금방 번창할 것이다.

소비자협동조합이 가장 좋은 물품을 제공하려 한다면 반드시 튼튼하고 효과적인 조직을 갖춰야 한다. 공급 지역 한 군데에 여러 소비자협동조합이 있으면 서비스의 가치는 뚝 떨어진다. 기존 사업의 문제를 해결한다는 이유로 그 옆에서 새로운 사업을 시작하는 것은 협동조합 운동 핵심 사상에 어긋난다. 협동조합 내부의 어떤 그룹이 자신들의 요구가 관철되지 않아 조합에서 분리해 나가 독립 기업을 만든다 해도 원래 그들의 요구대로 일을 해 낼 가능성은 오히려 훨씬 낮다.

협동조합 사이의 경쟁은 거래와 협동조합 운동을 축소시키고, 일반 대중의 마음과 이상에도 영향을 미쳐 더 큰 하락으로 이어진다.

경쟁의 다양성은 정말 중요하다. 소비자 입장에서 논리적으로 평가할 때 경쟁 시스템에서 가장 강한 상대도 경쟁의 다양성을 인정한다. 서로 다른 천연 자원을 가진 나라나 지역이 벌이는 경쟁, 고도로 발달한 수공예 기술과 산업 기술 사이의 경쟁이 그것이다. 사업 활동의 목표가 인간의 요구에 최대한 부응하는 것이라면, 생산을 위한 최소한의 노력으로 실행할 수 있는 장소와 상황에서 모든 상품을 생산해야 함은 당연하다. 이 원칙을 부정한 채 인위적인 다른 통로로 경제 생활을 강제함으로써 사람들에게 영원한 이익을 줄 수 있다고 주장하는 것은, 직업 선택의 자유가 지닌 효용을 부정하면서 개인의 성향과 욕구가 원하지 않는 일을 하게 만드는 방식을 주장하는 것과 매우 비슷하다.

이런 점에서 사업이나 경제 생활은 그 목적에 이르기 위해 노력해야 하고, 모든 기업은 더 효과적인 방법이 나타나면 언제든지 기존의 방법을 바꿀 준비가 되어 있어야 한다는 맨체스터학파의 의견을 가리키는 데 이 용어를 써도 된다면, 소비자협동조합의 지지자들은 맨체스터 자유주의자들이라고 할 수 있다. 따라서 진정한 협동조합은, 보수성 때문에 효율은 좀 뒤처지더라도 생산 시설을 잘 가동하기 위해 정부 보조금이나 특별 관세를 받으려 굽실거리지 말아야 한다.

경제적 자유주의의 모든 명제가 옳다면, 새로운 의견을 제기하고 그 의견의 정당성을 입증할 권리와 자유가 제한되어서는 안 된다는 것이 진보의 중요한 특권이라고 주장한다. 협동조합 자체가 바로 이러한 새로운 의견이며, 자신의 임무를 숙지하는 협동조합인들은 이 원칙을 지키지 못한다면 협동조합 존재 자체의 도덕적이고 법적인 정당성을 해친다는 것을 알고 있다.

이 장의 논지는 다음과 같이 요약할 수 있다.

협동조합은 개인의 이익 뒤에는 통제되지 않는 이기적인 투쟁이 있음을 이해하고, 경쟁이 모든 사회 발전의 원동력이라는 맨체스터 자유주의자들의 주장을 부정한다. 개인의 이익을 위한 자유 경쟁은 공동체에 끔찍한 손실을 안겨준다. 이윤 추구는 결국 누가 일반인들의 요구를 가장 잘 충족하는지를 겨루기 보다는 힘을 합해 일반인들을 약탈하기 위한 동종업계 기업가들의 음모(독점)로 이어진다.

협동조합은 조합원 가정 내의 경쟁을 없앴지만 소비자 요구 충족 차원에서 협동조합이 아닌 경쟁 기업을 두려워하지 않는다. 오히려 협동조합은 이러한 경쟁 상대가 있는 게 조합 발전에도 유익하다고 여긴다.

협동조합은 다른 사람이 노동한 대가를 도용하려 하지 않고, 조합원의 요구를 가능한 최선의 방법으로 충족시키고자 하는 희망을 가지고 앞으로 나아간다. 조합원은 이런 목적으로만 조합을 만들고 운영해왔다.

협동조합은 서로 다른 발전 단계에 있는 여러 나라 그리고 조직이나 기관이 생산에서 경쟁해야 한다고 주장한 맨체스터 자유주의의 가르침에 내재된 진실을 거리낌 없이 받아들인다. 만약 협동조합이 모든 분야에서 가장 효율적인 권리를 거부한다면, 이는 협동조합 기본 원칙에 어긋나는 것이다.

마지막으로, 경쟁과 더불어 경쟁의 장점을 모두 가지면서 단점은 없는 또 하나의 발전 요소가 있다. 그것은 갈등의 요소가 전혀 없는 서로 다른 기업 사이에 존재하는 일종의 경합이다.

이익을 추구하지 않는 경쟁을 향한 열정은 인간 본성에 깊이 뿌리 내리고 있다. 경쟁은 삶과 죽음을 놓고 벌이는 갈등을 특징으로 하고 동종업계와 같은 공급 지역의 기업 사이에서만 이루어지지만, 여기서 말하는 경합은 고객층이 서로 다른 기업 사이의 경쟁을 의미한다. 서로 다른 마을이나 나라 또는 대륙에 있는 두 잡화점은 서로 **경쟁**할 수 없지만, 누가 더 뛰어난 활동 결과인지를 놓고 **경합**할 수는 있다. 실제로 이러한 경합은 협동조합 발전에 많이 기여했다. 예를 들어, 스웨덴 소비자들은 다른 협동조합이 이룬 성과를 보고 자극을 받아 더욱 최

선을 다할 수 있었다. 그러므로 모든 조건에서 진보를 위한 서비스와
그 행위자들은 경합을 체계화하고 활용해야 한다.

7장
협동조합과 노동

고대 로마인들은 광장의 신전을 야누스 신에게 바쳤는데, 그 신전에 있는 문은 전쟁이 나면 열렸다가 평화가 찾아오면 닫혔다. 역사적으로 야누스 신전의 문은 기원전 753년 도시 건립 이후부터 기독교 시대 초기까지 단 네 번만 닫혔고, 군주제와 공화제가 반복되던 722년 동안에는 겨우 한 번만 닫혀 있었다.

지금 정부가 노동 시장의 두 세력인 노동자와 고용주 사이에 평화가 정착될 때에만 문이 닫히는 야누스 신전 같은 건물을 세우고 싶어 한다면, 그 신전의 문은 사치스런 장식에 불과할 것이다. 지난 몇 년 동안 노동 시장에는 끊임없는 갈등이 있었고, 가까운 시일에 전격 휴전을 맺을 가능성은 없어 보인다.

해마다 피고용인과 고용주 사이의 끊임없는 싸움에 엄청난 돈과 시간이 낭비된다. 그러나 이보다 더 심각한 문제는, 노사 갈등으로 인한 간접 피해가 훨씬 더 크다는 점이다. 노사 갈등은 생산성을 떨어뜨리고, 서로에게 지속적인 적대감과 위협을 드러내 보일 수밖에 없어 이로 인한 간접 피해가 생기는 것이다. 전쟁에는 늘 희생이 따르며, 파괴적인 문제보다는 생산적인 문제 해결에 훨씬 더 잘 쓰이는 지적 능력과 정신력을 엄청나게 갉아먹는다. 공동체에서 집단 사이의 갈등도 나라 사이의 전쟁과 다를 게 없다. 모두 공동체의 인적, 물적 자원을 낭비하는 죄악이다.

그러나 이 점을 모두 알고 있지만, 안타깝게도 민주 국가에서 이를 개선할 보편적인 방법은 없다. 호의적으로 노동 분쟁을 해결하자는 제안이 없지는 않았다. 오히려 노동 분쟁 해결을 위한 기발한 제안들은 인류를 괴롭히는 질병 치료를 위해 받은 특허 처방만큼이나 많았다. 이러한 제안 중 실제로 실행된 것도 있다. 예를 들어, 노동 분쟁을 강제로 중재하는 나라가 있다. 하지만 싸우는 당사자들이나 싸움에 가담하지 않은 자들 모두 만족스럽지 않았다. 나라와 나라가 벌이는 전쟁처럼, 노동 분쟁 해결을 위한 적극적인 방책도 공격적인 분위기를 만든다. 그래서 각 나라가 군사력을 키우듯이 노동 분쟁도 더 오래 지속되고 확장되었으며, 그 결과 더 파괴적으로 되었다. 지금껏 유일하고 진정하게 이루어진 개선은 중재 과정의 진전이다. 그 덕분에 양측 모두 평화를 갈망하면서도 심각한 분쟁이 무기한 연장되는 것을 피할 수 있게 되었다. 운이 좋은 경우에는 중재 과정에서 노골적인 갈등으로 진행되는 것을 미리 예측해서 막을 수도 있다.

몇 년 전, 스웨덴에서 기존 단체 협약 해석에 관한 분쟁을 다루는 특별 재판소인 노동법원이 설립되었다. 노동당 전체가 노동법원 설립을 반대했지만, 이 법안은 통과되었다. 이제 노동조합도 사용자단체만큼 법원 소송이 필요하며, 단체 협약에 대한 법원의 해석을 양측 모두 따른다. 법원은 새로운 단체 협약의 구상과 취지에 대해 그 어떤 목소리도 내지 않기 때문에 성공적인 역할을 할 수 있다.

노동 분쟁이라는 악마를 치료하려는 (외과의사 같은) 사람은 노동 분쟁이 지금 경제 체제의 본질과 자유에서 비롯된 이해 관계의 대립에 기인한다는 사실을 외면했다.

흔히 임금에 대해 추상적으로 계산해서 특정 상황에서만 합리적이고 실현 가능한 방법을 제시하면서 모든 이를 만족시키려고 한다면, 이것은 인간의 능력을 넘어서는 일이다. 이는 민간 소송 당사자들의 분쟁에서 문서와 증인에 근거해 판결을 내리는 일과는 비교할 수 없다. 단체 협약 내용에 대한 해석이 쟁점이라면 피고용인과 고용주 사이의 분쟁은 간단하다. 앞서 말한 스웨덴 사례에서처럼 해석의 차이는 법적 도구로 해결할 수 있다. 그러나 노사 문제는 그보다 훨씬 복잡하다.

아무리 불길하고 누그러지지 않을 노사 분쟁이라 할지라도 그 바탕에는 가격 결정 문제가 도사리고 있어서 이것이 격렬한 파업이나 직장 폐쇄 형태로 이어져 힘겨루기의 근본 원인이 된다. 이는 제시한 가격에 노동력을 사고팔기를 조직적으로 거부하는 것이다. 이러한 거부의 결과가 아무리 개탄스럽고 쓸모없더라도, 자유로운 가격 결정이 교역과 사업의 유일한 조절 장치로 존속하는 한, 이같은 갈등을 불러일으키는 모든 원인을 없앨 방법을 찾는 일은 헛되다.

특히 전쟁 직후, 시가보다 더 낮은 가격으로 상품을 판매하도록 강요하거나 반대로 더 높은 가격으로 구매하도록 강요하는 것은 유해할 뿐더러 치명적이기까지 하다는 데 모두 동의할 것이다. 이러한 시도는 상품 공급이 부족해지거나 생산이 일부 중단될 정도로 과잉 공급되어 주춤해질 것이다. 제1차 세계대전 중 스웨덴의 식량과 연료 통제가 이를 잘 보여준다. 처음에는 설탕 가격을 통제해서 낮게 유지했다. 그 결과 공급이 수요를 따라가지 못하게 되자 정부는, 3장에서 이야기했듯이 사탕무 생산자들에게 가격을 보장해줘야 했다. 설탕 제조업체는 원자재인 사탕무를 비싸게 살 수밖에 없었고, 그 결과 사탕무 재배가 늘어 설탕 공급이 엄청나게 많아졌다. 정부는 사탕무 생산자들에게 보장한 가격에 따른 손해가 나지 않도록 어쩔 수 없이 설탕 가격을 너무나 높게 매겨야 했다. 한편 전국연료위원회는 연료 사용자들에게 외부 개입 없이 목재 구매를 조절할 때 지불했을 금액보다 훨씬 더 비싸게 목재 가격을 강요했다. 그 목적은 다른 소비자에게 목재 가격을 낮춰주기 위한 것이었지만, 결과는 여러 면에서 공동체에 재앙을 안겨줬다. 정부에 직접적이고 엄청난 손실을 입혔을 뿐만 아니라, 연료 통제는 모두 알듯이 전국적으로 가격을 교란시켰다. 특히 목재와 석탄 교역에서 가격이 비정상적으로 치솟아 결국 파산과 광범위한 실업을 낳았다.

노동자 임금처럼 지불 가격을 강제로 정하면 생산품 가격을 공식적으로 통제하게 되고, 이러한 통제에는 여기서 말한 모든 어려움과 혼란이 반드시 뒤따른다. 오늘날 수많은 공개적 노사 분쟁은 이에 비하면 사소한 고통에 지나지 않는다고 해도 지나치지 않다.

노사 분쟁의 원인을 제대로 이해하기 위해서는 협동조합 고유의 노사 문제를 해결하려 들기 전에 이 문제가 미치는 모든 영향을 철저히 조사해야 한다.

자유로운 가격 결정 시스템에서는 구매자와 판매자 모두 자신에게 유리한 조건일 때에만 거래를 한다. 가격 협상이 실패하면 거래는 성사되지 않고, 시장을 잘못 판단한 사람은 그 결과를 스스로 책임져야 한다.

경제적 관점에서 노동력은 단지 상품에 불과하고, 지금 시스템을 유지하는 한 그렇게 여겨질 것이다. 그러므로 구매자와 판매자 모두 조건이 적당하다고 여길 때까지 구매나 판매를 거부할 권리를 가져야 한다. 이것이 바로 공개적 노사 분쟁이다. 따라서 엄밀히 경제적 관점에서 본다면, 협상을 통해 합의에 이르지 못하면 누가 옳은지, 즉 시장 상태를 누가 더 올바로 판단했는지가 결정을 내리는 유일한 방법이다. 경제 요소로서 노동력이 지닌 특유의 지위 때문에 노동 시장의 충돌이 너무 낭비적이고 개탄스럽게(이러한 충돌이 불가피하다는 점을 알지만 이렇게 묘사해야만 한다) 되었다.

일반 재화나 기계 수송 같은 용역에서 수요와 공급의 법칙은 공동체 평화를 깨뜨리지 않고도 가격 결정 조정 역할을 할 수 있다. 어떤 상품이 더 이상 수익이 나지 않는다면 시장에서 사라질 것이고, 많은 소비자에게 필요한 상품이라면 분명 값이 오를 것이다. 판매자가 상품 가격을 너무 높게 매기면 잠재 고객은 다른 상품을 선택할 수도 있고, 상품이 별 쓸모가 없다면 고객은 지갑을 열지 않을 것이다. 두 경우 모두 재고가 생겨 판매자는 심각한 손해를 입을 위험을 부담한다. 그러나 여기서는 경제적 가치 외에 다른 어떤 것도 직접적으로 위기에 처하지는 않으며, 개인의 상황은 간접적으로만 영향을 받는다.

하지만 노동력의 지위는 다르다. 노동력은 노동력을 판매하는 사람의 일부이다. 노동력은 일반 재화처럼 저장할 수 없다. 날마다 일을 하지 않으면 그냥 흘러가 버리는 폭포수의 동력처럼 노동력도 사라져 버린다. 노동자가 노동력을 날마다 판매하지 못하면 그의 소득은 돌이킬 수 없는 손실을 입게 된다. 그러나 유지비와 생산비는 줄어들지 않는다. 노동력이 그 대가를 생산비 이하로 받으면 노동자의 육체적 퇴화가 동반된다. 노동 능력도 떨어지고 심지어 아예 사라질 수도 있다. 노동력의 구매자인 고용주가 노동력을 사용하는 방식은 노동력을 판매하는 노동자의 건강과 행복에 심각한 영향을 준다. 왜냐하면 노동력이 사용될 때 노동자 자신도 그 자리에 함께 있기 때문이다.

물론 판매가 부진해 생산이 중단되었을 때 제조에 관련된 사람들도 직접 피해를 입을 것이다. 많은 사람들이 실직할 수도 있다. 그러나 이 경우에는 개인이 어떻게 해 볼 수 없는 누적된 원인이 있다. 이러한 불행은 예상되었고 불가피한 일로 받아들여진다. 노동력을 구매하는 기업과 노동력이라는 상품을 판매하는 노동자 사이의 관계가 좋지 않을 때, 당사자들은 마치 전쟁터의 상대들처럼 서로를 모든 갈등의 원인으로 매도하고 비방한다.

이 사실은 지금 사회의 특징을 설명하기에 충분하다. 오늘날 이해관계에서 맹렬하게 충돌하는 거의 모든 경우는 노동력 구매자인 사업주와 노동력 판매자인 노동자 사이에서 분출한다. 반면 동일한 충돌의 다른 측면, 즉 상품 판매자인 사업주와 상품 구매자인 노동자의 이해 관계 대립은 최근까지도 거의 주목 받지 못했다. 일단 분노가 끓어올라 서로 강력한 투쟁 조직을 세우고 나면, 충돌은 적대적 양상으로 치달아 가끔은 마치 싸움 그 자체를 위해 충돌하는 것처럼 보일 때도 있다. 피고용인과 고용주는 서로를 끊임없이 의심해 아주 작은 논쟁조차도 평화롭게 해결하지 못하는 두 개의 나라가 되었다고 할 수 있다. 그러다 보니 심각한 이해 관계 충돌이 공개 갈등으로 번질 때보다, 협상을 통해 해결되었을 때 훨씬 더 주목 받는다.[1]

이러한 정황으로 보면, 사소한 법 개혁이나 임금을 고정시키려는 정부의 노력으로는 노동 시장을 지속적으로 개선할 수 없다. 오히려 공동체 경제 생활을 철저히 재구성해서 이해 관계에 따라 그룹화를 조장하는 지금의 여건을 없애야만 한다. 이로써 이러한 상황이 대중의 지적 생활에 미치는 영향은 점차 사라지고 보다 평화적인 여건이 일상적인 것으로 자리잡게 될 것이다.

협동조합 운동의 경험은 이 의견을 강력히 지지한다. 운동 범위가

---

1 약 12년 전 이렇게 쓴 뒤, 스웨덴 노동 시장의 긴장감은 다소 해소되었다. 공개적 충돌은 여전히 발생했고 때로 심각했지만, 파업이나 직장 폐쇄 없이 협상을 통해 해결되었다. 물론 이런 진전이 계속된다고 보장할 수는 없다.

넓어지고 활동이 다양해지면서 협동조합 운동가는 꾸준히 늘어났다. 하나의 실체로 간주되는 영국 소비자협동조합운동은 이미 세계 최대 규모의 고용주가 되었다. 물론 스웨덴의 관련 통계치는 이보다 훨씬 미미하다. 1935년 말, 영국 소비자협동조합 상근 직원은 총 13,803명 이었는데 같은 날짜의 스웨덴생협연합회 직원은 4,140명이고 그 가운데 2,845명이 생산직이었다. 보험협동조합 직원도 여기에 포함되어야 한다.

노동 분쟁의 첫째 필요 조건인 고용주와 피고용주는 협동조합 운동에 분명 존재한다. 그러나 스웨덴과 영국에서 협동조합의 노사 분쟁은 드문 편이다. 협동조합에서 노사 분쟁이 일어나면 사람들은 이를 매우 이상하게 여기고 이 분쟁의 규모와 기간보다 훨씬 더 많은 관심을 보였다.

일반 거래나 사업과 마찬가지로 소비자협동조합에도 임금 결정 문제가 있다. 그러나 일반 기업과 노동자 사이의 심각한 이해 관계 충돌, 즉 **계급 투쟁**이라는 말을 만들어 낸 주된 요인인 적대감을 협동조합에서는 찾아볼 수 없다. 그 어떤 개인도 협동조합의 이익을 자신을 위해 부당하게 이용할 수 없다. 조합의 이익은 자신의 요구를 충족시키기 위해 조합을 이용한 구매자에게 그 구매량에 비례해 귀속된다. 스웨덴 협동조합의 직원은 대개 소매협동조합의 조합원이다. 따라서 직원은 다른 조합원들과 마찬가지로 총회에서 조합 경영에 영향력을 행사할 권한을 갖는다.

대규모 협동조합의 많은 조합원들은 낮은 임금을 받는 산업 노동자와 공무원들이어서 조합 직원들과 같은 계층에 있는 사람들이기 때문에, 소비자협동조합과 직원 사이의 계급 투쟁은 더욱 터무니없는 말이다. 도살업자나 제빵사 같이 협동조합 조합원이자 직원으로 고용된 이들의 소득은 보통 조합원의 평균 임금보다 꽤 높다. 스웨덴의 식료품 제조업에서는 수출에 크게 의존하는 기기공업과 제철소, 목재 무역업 등 대규모 산업보다 더 높은 수준에서 임금이 안정화하는 경향이 특히 전쟁 뒤에 확연했다.

스웨덴 협동조합은 해당 직업에서 일반적으로 지급하는 임금에 따라 보상한다는 원칙을 도입했다.

노동조합도 일반적으로 이러한 협동조합의 입장을 받아들이고, 희생이 따르는 분쟁 없이 서로 협의를 통해 양쪽 모두 받아들일 수 있는 결과를 얻는 게 피고용인에게도 이득이 된다는 점을 인정한다. 노동조합의 이러한 태도 덕분에 협동조합에는 고용주로 결성된 조직이 필요 없게 되었다.[2] 일부 나라의 노동조합 지도자들은 협동조합 산업 시

---

2 그러나 영국의 협동조합은 조직화된 노동자들과 협상하기 위해 지역시간임금위원회를 결성하는 것이 편리하다고 여겼다. (역)

설이 일반 사업주 조직에 가입하는 것을 원칙적으로 반대하지 않겠다고 선언했다. 그러나 노동조합의 조합원과 협동조합 모두 이러한 조치는 쓸모없다고 생각했다. 협동조합 직원이 시장 임금에 따라 지급받고 동종업계 노동자가 해당 분야에서 받는 모든 이점을 가질 당연한 권리가 있다는 원칙이 적용된다면, 투쟁 조직 뿐 아니라 노사 분쟁도 그저 헛되고 어리석은 일이 된다.

그럼에도 협동조합에서 조합과 피고용인 사이의 분쟁이 여러 번 일어난 것은 특별한 원인 때문이었다. 여기서는 여러 분쟁 사례를 자세히 검증하지는 않을 것이며, 다만 노동자 계층에게 상황을 명확하게 이해시키지 않으면 불화를 일으킬 수도 있는 몇 가지 원인만을 간단히 언급하도록 하겠다.

평화를 위협하는 가장 중요한 요인은, 노동자 일부 집단이 고용주와 맺은 합의에 따르지 않으려는 태도이다. 이러한 위험은 노동조합이 제대로 운영되지 않거나 노동자들이 무지해서 조합원에 대해 권위를 갖지 못할 때 일어난다. 노동조합이 협동조합 운동에 속하지 않은 극소수 노동자들을 조직하거나, 임금과 근로 조건을 운명에 맡겨둔 채 모든 에너지를 협동조합에 대항하는 데만 쏟는 곳에서도 이와 비슷한 위험이 생긴다.

협동조합에 대항하는 여러 집단과 개별 노동조합의 이러한 사례는 많았지만, 대부분의 협동조합이 요구 사항을 받아주거나 회유해야 한다고 생각했기 때문에 이러한 경우가 공개 충돌로 번지는 일은 드물었다. 그러나 협동조합이 이룬 지금의 상황과 해당 업계의 전반적인 상황의 차이에 따라 사업 성장이 늦춰지거나 중단 또는 예전 상태로 돌아갔기 때문에 결국에는 피고용인과 노동조합 모두에게 좋지 않은 결과가 되었다.

협동조합은 경쟁이 가장 치열한 상황에 놓여 있다. 가정의 품격을 높이려는 목적으로 조합원이 조합을 만들었고 이용하기 때문에, 협동조합은 자신의 서비스에 대해 민간 기업보다 더 높은 가격을 요구할 수 없다. 민간 기업이 지불해야 하는 수준보다 확실히 더 높은 임금 비용 때문에 총 매출액 대비 증가 비용은 조합원을 위해 사들이거나 만든 물품 가격에 그만큼 영향을 주게 되고, 협동조합은 결국 위축되거나 파산할 것이 틀림없다. 이것이 노동조합의 이해 관계에 도움이 되지는 않을 것이다. 조합원으로서 궁극적으로 협동조합의 모든 사업 비용을 부담하는 협동조합 노동자의 희생을 통해 협동조합에서 일하는 노동자들만 특권을 가져야 하는 어떤 타당한 이유도 내세울 수 없다. 운영을 잘 하는 노동조합은 이러한 무지를 이론뿐만 아니라 실제로도 쉽게 알아차린다. 그러나 노동조합의 부조리나 결함 때문에 이러한 특권이 주어진다면 협동조합은 그에 대한 손실이나 파산을 묵인할 수 없기 때문에 협동조합과 직원 사이에 공개 충돌이 생길 수 있음을 알아야 한다. 그럼에도 현실에서 이러한 충돌이 매우 드물다는 사실은 건전한 상식이 찾아보기 힘들 때도 있지만, 아직은 무시할 수 없는 존재임을 증명한다.

고용주와 피고용인 사이의 이해 관계 대립보다는 노동자 조직 내부의 조건 때문에 생기는 갈등도 이런 맥락에서 살펴야 한다. 노동조합 안에서 서로 다른 '경계 분쟁'을 구상하기도 하고 실제 발생도 했다. 예를 들어, 한 노동자 그룹이 어느 조직에 가입해야 할 지를 놓고 두 노동조합이나 노동조합 운동 안의 서로 다른 진영 사이에 언쟁이 벌어질 수 있다. 이들은 서로 상대방이 회원을 끌어올 때 썼던 혜택보다 더 많은 혜택을 제공해서 이 그룹을 끌어들이려고 노력한다. 또한 노동자들이 다른 노동조합에 소속되어 있다는 이유로 작업장을 봉쇄하거나 그 앞에서 피켓을 들고 시위를 벌이기도 한다. 일부 피고용인들에게 특정 노동조합에 가입하라는 지시를 거부한 스웨덴의 한 소비자 협동조합에서 딱 한 차례 파업이 일어난 적이 있다.

이제 노동조합계가 **내부** 질서를 회복하고 이러한 분쟁을 해결하라는 요구가 나올 수도 있는 것은 당연하다. 기민하고 열성적인 노동조합원들은 노동자 그룹을 대상으로 라이벌 노동조합 사이에 벌어지는 경쟁과 그로 인한 결과를 받아들이는 것이 어리석은 일임을 잘 알고 있다. 그들은 여러 조합 사이에서 끔찍한 말다툼이 벌어지는 것을 피하기 위해 중앙 연맹이 노동조합 사이에 범위를 정해야 한다고 강력히 주장한다. 그러나 모든 권한을 가진 전국 연맹이 존재하고 활동할 때도 이런 문제를 해결하기란 늘 어려웠다. 양립할 수 없는 프로그램과 계획, 조직을 가지고 있고 서로 다른 신념을 가진 조직 사이의 분쟁을 해결할 수 있는 고등법원은 안타깝게도 상상조차 할 수 없다.

고용주와 피고용인 사이에는 인간 고유의 특징에서 비롯되거나 그 결과로 인한 다양한 논쟁이 있다. 따라서 이러한 논쟁은 어떤 상황의 사회나 어떤 형태의 산업에서도 완전히 사라질 수 없다. 자원 조직이든 나라와 도시든 또는 민간이나 협동조합, 공공 비즈니스든 관리 기구가 있어야 하는 곳이라면 어디나 관리자의 의지와 그에 따라야 하는 사람들 의지 사이에 긴장이 높아질 가능성이 늘 있다. 집이나 학교에서도 부모와 자녀, 선생님과 학생들 사이에 이같은 경향이 나타난다. 학교에는 선생님에게 불만스러운 모범생이 늘 있다. 이들은 친구들도 같은 불만을 갖게 하려고 온갖 애를 쓴다. 조합의 목적과는 상관없이, 공적이거나 사적인 비난을 단 한 번도 받지 않은 협동조합 간부는 없었다. 여러 상황에서 무엇을 해야 하고 어떤 결정을 해야 하는지 간부보다 더 잘 알지 못하는 직원이 얼마나 될까? 노동자들이 경영진이나 감독관의 "끔찍한 우둔함"에 대해 상황에 따라 유쾌하게 웃어

넘기거나 때로는 기분 나쁘게 투덜거리지 않는 작업장이 있었던가? 이런 질문은 질문이 곧 답이다. 이는 상식이다. 반면 남들을 가르치는 직업을 가진 사람들은 때로 자신들의 선의를 너무 빨리 잃어버리기도 한다. 선생님이나 매니저, 감독관은 타고난 본성이 그렇기도 해서 결국 비관주의자나 냉소적인 사람이 될 것이다.

직업이 따분하고 단조로울수록 조직이나 조건과는 상관없이 불편과 불만을 더 많이 느낀다. 다른 거래를 선택하지 않은 것을 안타까워하거나 자신의 근로 조건이 상상할 수 있는 최악의 조건이라고 믿는 사람들의 습관에서 한 가지 증상을 발견할 수 있다.

이런 증상은 태초부터 있었을 테지만, 보다 광범위하고 격정을 불러일으키는 이해 관계의 충돌이 생길 때마다 느리게 타던 불꽃이 맹렬하게 타오르기 시작한다. 이런 불만 때문에 생기는 노사 간 긴장 상태가 특히 심해졌을 때는, 임금 쟁의나 근로 조건 투쟁은 굉장히 격렬해질 것이고 노사 간 의견 차이가 아무리 작을지라도 해결하기 가장 어려울 것이다.

이와 비슷한 또 하나의 요소를 놓쳐서는 안 되는데 바로, 일을 시작할 때는 요란을 떨지만 결과는 변변치 못한 사람들의 성향이다. 길고 복잡한 협상을 즐기는 협상 옹호자들은 이런 사람들의 주의를 산만하게 만들어 선동한다. 정보를 이해하지 못하도록 의도적으로 방해하는 협상 옹호자들 때문에 노동 분쟁 당사자들은 고충을 겪는다. 유감스럽지만 폐업을 하더라도 고용주들은 다른 사람보다 덜 고통 받을 것이므로 분쟁 해결 뒤에 얻을 이익을 기대하여 노동 분쟁에서 강경한 태도를 취하라고 들쑤시고 다닌다는 주장은 근거가 있다. 어느 분야에서건 이기적이고 야심만만한 고용주들이 이러한 싸움에서 얻고자 하는 것을 여기에서 자세히 설명할 필요는 없다. 역사를 조금이라도 아는 사람이라면 고용주들이 무엇을 얻고자 하는지 잘 알 것이다.

결론적으로, 임금과 근로 조건 때문에 협동조합과 협동조합 피고용인 사이에 큰 충돌이 일어날 일은 없다. 협동조합은 이익을 활동의 원동력으로 삼지 않고, 구매자와 판매자의 적대심을 없앴으며, 게다가 노동 계급의 경제 수준을 가진 자들이 소유하기 때문에 협동조합과 피고용인 사이의 계급 전쟁은 없다. 협동조합 운동은 존재를 정당화하기 위해 합당한 임금을 지급하고, 해당 지역의 관련 업계에서 얻는 혜택을 반드시 제공해야 한다. 어느 분야에서 협동조합이 우세하여 민간 기업이 별볼일 없다면, 비교 가능한 가장 가까운 지역의 노동자 소득 수준을 협동조합 급여 정책의 공정한 기준으로 삼아야 한다.

협동조합이 이런 입장에 있다면 노동자 조직도 분명한 이해 관계를 가진 일반 기업에서는 힘겨루기가 불가피하지만, 협동조합에서는 이에 기대어 호소할 이유가 없다.

이제까지 경험으로 보면 이러한 명제는 타당하다. 소비자협동조합에서 임금률에 대한 노동 분쟁은 아주 드물다.

교역과 산업이 비교적 자유로운, 노동당이 집권한 민주주의 나라의 협동조합에서도 업계에서 통용되는 급여와 근로 조건을 거부하는 독립적인, 정확히 말하자면 완고한 소규모 피고용인 단체의 공격을 피할 수 없다. 정규 노동조합과 노동 계급의 경제 수준을 가진 조직화된 소비자 협동조합인들은 자신의 이익을 위해 그런 완고한 불복종에 강력히 맞서야 한다. 이런 태도를 가진다면, 그들이 전략을 펼치는 동안은 사람들 사이에 불화를 일으키겠지만 협동조합과 협동조합 노동의 평화를 위협하지는 않을 것이다.

'경계 분쟁' 같은 노동조합 내부의 불화 또는 순전히 개인적인 상황처럼 중요한 이해 관계 없이 협동조합과 협동조합 피고용인 사이에 충돌이 생기는 것이 이론상 불가능하지는 않다. 실제 이러한 충돌이 한두 번 일어난 적이 있었다. 이러한 충돌은 분명 개탄스럽지만 인간 본성이 완벽해지지 않는 한 완전히 사라질 수 없다. 협동조합과 피고용인 사이에 실질적 이해 관계가 충돌하지 않는 곳에서 일어난 이런 소란은 교육 받은 노동자들의 의견과 관리자로 임명된 사람이 공정하고 독립적으로 숙고하는 능력으로 해결할 수 있다.

초판에서 이렇게 쓴 뒤, 세계는 아주 커다란 변화를 겪었다. 독재 체제였던 여러 나라의 독재는 더 강화되었고 영원히 지속될 것처럼 보인다. 어떤 나라에서는 독재 정부가 유행이 되었다. 독재 정부는 노동 분쟁을 자체 방식으로 해결했는데, 노동조합의 대표직을 빼앗거나 노동조합을 아예 없애버렸다. 그리고 노동계의 모든 직접 행동도 금지했다. 러시아처럼 정부가 경제 활동 대부분을 관할하는 경우, 임금과 근로 조건을 해당 부서가 독단으로 결정했다. 오늘날 기업에 기반하여 조직된 국가에서는 이론상 고용인과 피고용인을 대변하는 기업이 임금과 근로 조건을 결정해야 한다. 그러나 실제로는 정부가 직접 또는 군부 조직인 유일한 정당이 이런 사안을 결정한다.

다른 모든 상품과 마찬가지로 노동력의 가격도 자유롭게 결정할 수 없고 급여가 불만족스럽다고 노동자가 파업을 할 권리도 더 이상 용납하지 않는 게 독재 국가들이 노동 문제를 처리하는 공통 방식이다. 파업을 시도했다가는 참가자들을 외딴 지역으로 추방하거나 강제 수용소로 보낸다.

노동 투쟁을 이렇게 진압하는 나라는 그 대가로 경제 발전을 이루지 못한다. 국가의 모든 권한으로 다른 분야는 희생한 채 일부 생산 분야만 가동될 뿐이다. 이렇게 불균형한 생산 때문에 임금은 줄고 생활비는 늘어난다. 이런 나라는 다른 나라처럼 실업에 성공적으로 대처하지 못했으면서도 정부에 대한 비난은 효과적으로 잠재웠다.

8장
협동조합과 교육

현대 협동조합 개척자들에게 교육에 대한 인간의 무한한 능력과 열정은 명백하다. 협동조합 개척자들의 지적인 지도자 로버트 오언이 이러한 생각의 초석을 다졌다. 1835년, 그가 만든 '전국총계급연합'을 위한 규칙에는 다음과 같이 쓰여 있다.

이 협회의 목적은 성별과 계급, 종파, 당파, 국가, 인종 차별 없이 공정하게 고안된 공동 재산 시스템과 함께 모든 개인의 신념과 생각, 행동에 대해 자비로운 종교 원칙과 실천을 전 세계에 확립함으로써 오로지 평화롭고 합리적으로 인간의 성격과 조건을 완전히 바꾸는 것이다.

이 모든 것을 이루기 위한 방법이 같은 책에 이렇게 쓰여 있다.

공청회와 강의, 토론, 선교사, 저렴한 출판물, 경쟁 없는 공정한 원칙에 따른 생산물 상호 교환, 그리고 마지막으로 최대한 빨리 공동의 이해 관계를 가진 공동체를 만들어서 인간의 성격과 조건을 완전히 바꾸는 데 찬성하는 여론을 만드는 협회와 협회 지부.[1]

오언은 한편으로 사람들에게 진실과 정의의 원칙을 교육하고, 다른 한편으로 사람들을 새로운 환경에 옮겨 놓아 큰 어려움 없이 새로운 사회에 맞는 성격을 심어줄 수 있다고 생각했다. 앞으로 보겠지만, 초기 협동조합인들은 다행히 이런 사상을 그들이 만든 조합에 교조적으로 적용하지는 않았으나, 이 계획에 담긴 지혜를 한 순간도 의심하지 않았을 것이다. 초기 협동조합인들은 로버트 오언보다 엄중한 현실에 더 가까이 있었고, 오언의 철학은 이런 점에서 이미 유행이 지났지만 지난 세기의 대부분을 차지했다.

성인이 된 것처럼 보이지만 젖먹이인 최초의 튼튼한 협동조합이 1844년 한 해 중 해가 가장 짧은 동짓날 밤에 매장을 연 뒤, 인간의 본

---

1 『새로운 도덕 세계』 3권, 1837.

성과 상태를 변화시키는 교육과 훈련이 가진 힘에 대한 생각은 여러 번 바뀌었다. 지금 세상에서 인간의 성격을 형성하는 교육의 전능한 힘을 믿는 사람은 아무도 없다. 인간의 행동이 전적으로 인간의 지식에 의해 결정된다고 생각하는 사람은 더더구나 없다. 지난 몇 십 년 동안의 역사는 이런 낙관주의를 모질게 다뤘다. 그러나 많은 것이 변해 협동조합 운동은 협동조합 교육을 중요하게 여겼고 지금은 그 어느 때보다 더 꾸준히 교육을 하고 있다. 협동조합 운동은 교육이 기적을 이룰 수 없다는 사실을 확실히 알았지만, 교육을 통해 위대한 일을 해낼 수 있다는 생각을 단념하지는 않았다.

현대 협동조합 운동에서 교육의 영향력이 전보다 많이 협소해졌음은 분명하다. 하지만 이러한 한계 속에서도 교육을 통해 여러 방향으로 진전할 수 있는 여지가 확실하다는 것 또한 명확해졌다. 지난 몇 세기 동안 문명이 진보 또는 퇴보함에 따라서 이러한 한계도 변화한다는 것을 경험으로 알 수 있었다.

일반적인 사람들의 무기력한 지적 생활에 활기를 불어 넣기는 매우 어렵다. 공통의 강한 이해 관계가 없다면, 어느 한 방향으로 지적 생활을 끌어내기 힘들다. 하지만 지적 생활이 일단 제대로 동력을 얻기만 하면, 처음의 자극이 사라진 뒤에도 얼마 동안은 정확히 같은 방향으로 진전할 것이다. 이런 관점에서 한 나라의 정신과 그 발전을 특징 짓는 어떤 흐름을 최근 몇 년 동안의 역사에서 볼 수 있다. 이 일반적인 명제를 확인할 수 있는 임의의 한 영역만 살펴봐도 알 수 있다. 최근 몇 년 사이에 기술 혁신을 활용하는 능력은 한 사람의 생애 동안 엄청난 수준으로 높아졌다. 그러나 바로 이러한 혁명적 변화 자체가 결과적으로는 "당신이 기다리는 짧은 순간에" 인간 본성이 바뀔 수 없고, 대부분의 사람들은 과학이나 기계에서 이뤄진 진보의 결과를 개인이 활용하기란 매우 어렵다는 점을 보여주었다. 전형적인 예를 스웨덴 전국 철도 정책에서 볼 수 있다. 자동차 돌풍이 전국을 휩쓸기 전, 철도는 외딴 지역을 전국의 다른 지역과 연결해 주는 유일한 길이었다. 하지만 너무 많은 변화가 일어났고, 기존 철도는 그들의 주장에 따르면, 자신의 존재 자체를 위협하는 강력한 경쟁으로부터 보호받기를 단호하게 요구했다. 그럼에도 새로운 철도를 놓아 달라는 여론은 끊임없이 일어났고, 일단 철도를 설치하면 해마다 철도 이용률은 떨어지는데도 정부와 코뮌은 계속 돈을 빌려 철도를 깔았다.

당시 자유 경쟁 체제는 일반 대중의 생각에 근거한 산업의 법적 통제에 대항해야 했고 이것이 자유 경쟁 체제의 발전을 늦췄다. 이 싸움에서 이기기 위해 몇 년 동안 노력해야만 했다. 이 때문에 경쟁이 사라졌지만, 뒤이어 독점 기업이 시장을 통제하게 된 상업에서 아직 경쟁이 살아 움직이고 있다고 상상하던 어리석은 대중은 값비싼 대가를 치르고 나서야 이러한 변화를 간신히 알아챘다. 인간 생활사 가운데 정치 발전이 제일 더디다. 그러다 보니 선거 때마다 기업의 자유를 최고의 슬로건으로 내세우고 독점 기업 이전 시절에서 차용한 웅변으로 유권자들을 현혹하면서 상호 합의 하에 경쟁을 없애기를 간절히 원하는 사람들을 목격하게 된다. 바로 이런 정치꾼들이 독점에 도전하고 경제적 자유가 사라지지 않도록 노력하는 소비자협동조합을 가장 맹렬히 공격한다. 스웨덴처럼 인구가 적은 나라에서조차 이런 견해를 지지하는 사람이 몇 십 만이나 된다.

협동조합이 처음 생겼을 때, 협동조합 운동에 동참하면 큰 혜택을 받을 사람들조차 냉담한 반응을 보였고, 시간이 한참 지나서야 눈에 띄는 진전을 이루었다. 이들의 마음에 좀 더 확실한 비전이 생기는 데는 더 많은 시간이 걸렸다. 먼 훗날, 과학의 도움으로 개별 가정이 다른 노동 부문이나 어떤 거래의 도움도 없이 필요한 재화와 용역을 스스로 공급하는 날이 온다고 상상해 보자. 그 날이 와야 비로소 협동조합이나 정부 또는 민간 그 누가 됐든 거대한 공장을 포기하는 것을 열렬히 반대하는 소리가 온 땅에 울려 퍼질 것이다.

이러한 지적 생활의 타성이 마냥 나쁘지는 않다. 오히려 이와 같은 자연적인 타성은 개인 정체성을 유지해 주는 안정적인 의지와 정서의 뒷모습에 불과하다. 그러나 오랫동안 자리잡았던 조건을 바꾸려고 한다면 반드시 이 타성을 감안해야 한다.

협동조합은 그들의 활동 방식을 통해 조합원의 사고방식에 많은 영향을 준다. 그럼으로써 협동조합은 착실하게 발전 단계를 밟아나간다. 그러나 이러한 발전 과정을 이 일에 참여하는 사람들이 반드시 이해해야 한다. 그들은 자신들의 노력이 바람직한 사회적 목적을 향해 나아가는 데 도움이 된다는 사실을 반드시 인식해야 하고, 올바르게 노동을 제공하기 위해서도 이러한 사회적 목적을 인식해야 한다.

기술과 지식이 기업 경영에 필요하다는 사실은 누구라도 인정할 것이며, 그 필요성은 기업 규모와 함께 커진다. 민주적이고 자주적으로 관리되는 기업에서 관리자와 조합원 모두에게 반드시 필요한 일상적이고 정신적인 훈련이 그들 사이에 뿌리내릴 수 없음은 확실하다. 이것은 다양한 기업 경영의 체계화된 경험을 통해 만든 일련의 과목을 교육함으로써 얻을 수 있다. 그런 일은 급하기는 하지만 비교적 단순하다. 인간의 지적 발달 능력은 매우 높기 때문이다.

그러나 여기서 말하는 교육의 의미는 우리가 이루고자 노력하는 특정 업무에 관련한 지식과 정형화된 업무 내용을 전달하는 것과는 많이 다르다. 무엇보다 교육은 의지와 생각의 훈련을 포함하며 이 글에서는 여기까지로 범위를 제한한다.

모든 기업과 마찬가지로 협동조합을 지지하는 의식적인 노력에서

도 경제적 이익이 생긴다. 협동조합 운동에 참여하는 사람들 대부분
은 자신의 가계에 즉각적인 혜택을 얻기 위해 가입했고, 앞서 말한 대
로 이러한 혜택을 깨달았을 때 비로소 협동조합 운동을 옹호하는 타
당한 이유를 갖는다는 사실을 그동안의 분석에서 밝혔다. 교육을 받
지 않은 이해 관계자들은 으레 가장 짧은 시간 안에 가장 많은 이익을
얻으려고 한다. 이해 관계자가 물질적 욕구를 충족시키는 데 관심을
쏟으면, 바로 그 이유 때문에 스스로 적이 되기 쉽다. 왜냐하면 경제적
자원은 한정되어 있고, 자원의 재생과 증가를 위해서는 각자의 욕구
가 완전히 충족되는 것을 어느 정도 희생해야 하는데, 있는 자원을 계
속 이용해 버리면 앞으로 나아갈 가능성이 전부 사라져 버리기 때문
이다. 이해 관계자를 교육하기 위해서는 보다 장기적인 관점을 갖고
신중하고도 합리적인 지적 규칙을 따르도록 설득해야 한다.

　지금의 경제 생활은 힘을 가진 소수의 권력이 대중의 이익보다 우
위에 있다는 원칙을 바탕으로 한다. 달리 말해, 거래 시스템이 만들어
진 뒤로 줄곧 대부분의 소비자는 미래에 이루어질 공동체의 발전을
위해 꼭 필요한 만큼만 일상적인 소비를 하도록 외부 세력에게 억압
을 당했다. 하지만 소비자가 자신이 소유한 기업을 세웠을 때 그러한
외압은 사라진다. 소비자협동조합의 조합원은 자신이 뽑은 간부들을
통해 물품 가격을 결정할 권한을 갖는다. 그들이 원한다면 거래에 따

른 실질적인 잉여가 생기지 않을 정도로, 즉, 혜택을 날마다 남김없이 즐길 수 있도록 물품 가격을 정할 수도 있다. 그러나 그렇게 하면 협동 조합이 확장할 수 있는 힘을 잃어 조만간 침체되거나 실패로 끝나게 된다.

강요와 속박에서 벗어나 무한한 자유와 자기 결정권을 갖게 된 급작스러운 변화 때문에 생기는 위험을 피하기란 결코 쉽지 않았다. 많은 협동조합이 눈앞의 사소한 이익을 포기하지 않는 바람에 실패하고 말았다.

이런 근시안적인 태도는 점차 극복되었고 협동조합 관련자들은 보다 장기적인 관점을 갖게 되었다. 대부분 조합원들은 필요한 교육을 흔쾌히 받아들였다. 그런데 교육의 한계에 대한 흥미로운 사례를 발견하게 되었다. 1830년 경, 교육의 무한한 힘을 믿던 로버트 오언의 제자들은 자신들이 만든 조합의 **모든** 이익을 오언주의 공동체 설립과 그 재정을 위해 쓰길 원했다. 자주 인용되는 오래된 이야기에 따르면, 어떤 조합이 순조롭게 만들어져 오래지 않아 당시로서는 꽤 많은 금액을 쌓았다고 한다. 그러자 조합원들이 조합을 해산하고 수익금의 일부로 각 조합원의 어선 지분을 구매하기로 결정했다고 한다![2] 로치

---

2 1828~1831년에 있었던 브라이튼협동조합 매장 사례이다. 베아트리체 포터, 『협동조합 운동』 45쪽 참조. (역)

데일공정선구자협동조합 설립자들은 조합원들이 개인적으로 직접적인 혜택을 받지 않고는 조합을 돕지 않으리라는 사실을 한창 번성하던 시점에 깨달았다. 그래서 그들은 회계 기간 마감 뒤에는 언제나 일반적인 시가를 조사하여 조합원들이 물품을 구입할 때 최종 원가 이상으로 낸 돈을 돌려주는 해법을 채택했다. 그러자 조합원들은 해마다 자신의 몫으로 받는 금액의 일부를 일반 금리로 조합에 남겨두는 데 쉽게 동의했다. 조합원들이 이런 대우를 받았을 때, 조합은 배당이 제한된 공동 기금 형태로 잉여의 일부를 가까스로 보유할 수 있었다.

전 세계 소비자 협동조합도 완벽하지는 않지만 조합원의 희생을 요구하는 이 발상을 받아들였고, 이것이 보통 사람의 교육 능력과 일치함을 보여주었다. 스웨덴 협동조합 조합원들은 조합원 다수가 자신의 지분을 돌려받기 위해 조합을 해산하자고 결정하는 데 맞서기 위한 안전 장치도 도입했다.[3] 그리하여 협동조합은 지금 세대만이 아니라 다음 세대에도 기여하기 위해 만든 조직이라는 사실을 조합원들이 인

---

3 스웨덴 모델 규칙은 다음과 같다. "협동조합이 해산할 경우, 기존 협동조합 자금은 협동조합연합회 경영진이 승인한 일에 쓰일 것이다." 독일(Z. V.)과 스위스, 프랑스(푸아송의 협동조합공화국, 협동조합 연합회의 37쪽 참조), 노르웨이, 핀란드(K. K.)의 모델 규칙에도 이와 비슷한 조항이 있다. 한편, 코펜하겐 규칙은 잔액이 있으면 지난 10년 동안 조합원의 구매 금액에 비례해 조합원에게 지불 잔액을 배분하라고 되어 있다. (역)

식하고 있음을 보여주었다.

협동조합의 자유 민주주의 특성 때문에 협동조합의 성패는 각 조합원이 자신보다 전체 조합원의 의지를 중요하게 여겨 조합이 한낱 하찮은 모임으로 전락하지 않게 하는 능력에 달려있다. 모든 자유 공동체에서 이와 같은 문제가 나타난다. 민주주의가 확립되면서부터 정부나 행정 교구 같은 의무 공동체에서도 이러한 문제가 분명히 드러나는 경향이 있지만 그래도 의무 공동체는 이런 문제를 덜 겪는다. 사실여기에 공동체 발전의 가장 중요한 비밀 하나가 숨어있다. 그저 규칙과 규정에 따라 또는 통제가 심한 시기에 일부 정당이나 관리들의 명령에 따라 영혼 없이 움직이면 머지않아 패배하거나 재앙에 빠지게된다. 민주주의를 유지하고 경제와 정신의 진전을 위한 첫째 조건은독립적인 생각을 가진 시민들이다. 또한 목적지나 방향에 대해 어느정도 합의하지 않는 한 그 어느 곳에 도달할 수 있으리라고 상상도 할수 없다.

최근 몇 년 동안의 경험은 이런 점에서 경종을 울리며 교훈을 준다. 폭정과 과두 정부 시대에서 벗어난 사람들은 자유가 그들을 비추기시작할 때 무엇을 해야 할지 몰랐다. 그들은 듣기 좋은 말 한마디에 휩쓸려서 자신들의 국가를 가장 많은 것을 공약하는 사람이 가장 많은것을 얻고 난폭한 정치꾼이 권력을 얻기 위해 공공 복지를 가지고 벌이는 도박판으로 만들어 버렸다. 그 결과 이들 국가에서 민주주의 정부는 줄줄이 파산해버렸다.

국가와 자유로운 조직에서 민주주의는 전적으로 개개인의 훈련의 문제이다. 이같은 훈련의 목표는 자립 정신을 갖고 연대와 책임감을 균형 있게 발달시키는 것이다.

교육의 보편적 처방은 없지만, 무엇보다 균형감을 가질 필요가 있다. 이를 위해 모든 사람의 능력은 반드시 교육으로 계발되어야 하지만, 정신과 마음의 균형을 이뤄야만 한다. 공동체와 인간의 특성, 생활에 대한 지식과 경험은 이러한 교육의 필수 요소이다. 그러므로 협동조합은 특히 조합 활동과 겹치거나 가까운 분야에 대한 대중 교육을 반드시 해야 하고, 다른 조직도 같은 목적으로 노력하도록 지원해야 한다. 그러나 다양한 주제의 지식을 소통하는 것이 아무리 중요하다고 해도, 가장 효과적인 교육 방법은 조합원이 공동 사업 경영에 참여하고 사업 결과에 대해 함께 책임지게 이끄는 것임을 알아야 한다. 이런 점에서 어리석고 부적절한 경영은 즉각적으로 드러나므로 협동조합은 정부나 행정 교구보다 교육의 기회를 더 많이 제공한다.

모든 민주적 기업과 자유 조직이 펼치는 교육 활동의 중요한 또 다른 면에 대해서도 주의를 기울여야 한다. 그것은 선출된 지도자들이 올바른 마음으로 자신의 임무를 맡을 때에만 발휘될 수 있다. 최전선에서 책임을 맡은 사람들은 수많은 편견과 오해에 처절하게 맞서야 할지라도 유권자들에게 진실을 말할 수 있는 용기와 정직함을 갖춰야 한다. 유권자들은 어떤 문제든 그에 대한 정확한 정보를 얻을 절대 권한을 갖고 있으므로, 무엇이 옳은지 알고 있으면서도 그것을 위해 싸우기를 두려워하는 지도자는 이중으로 죄를 짓는 것이다. 경영하도록 선출된 사업에 손해를 끼친 것이 첫 번째요, 유권자의 지성을 가벼이 여긴 게 두 번째이다. 불행한 일은 대개 현명한 자들이 대부분의 사람들로 하여금 더 나은 판단을 할 수 있도록 이끌어주지 않아서, 즉 사람들이 당시의 널리 퍼진 편견을 그대로 받아들이기 때문에 생겼다.

경제학에는 다른 분야보다 편견과 오해가 만연하다. 협동조합은 대중들이 진실되고 타당한 생각을 갖는 데 관심을 둔다. 협동조합의 성패는 협동조합 운동을 구성하고 지도자를 선출하며 건전한 사업 경영 원칙에 따라 활동하는 대중에게 달렸기 때문에 협동조합은 대중 교육의 단점을 없애는 방법을 찾을 수밖에 없다. 협동조합이 보다 나은 대중 교육을 위해 애쓰기 때문에 다른 조직보다 더 소중하거나 훌륭한 것은 아니다. (바리사이파라는 오명을 막기 위해 이를 강조하지만) 협동조합은 그저 자신의 존재를 보호하고 싶어하고, 무지한 대중들 때문에 위태로워질 수 있는 조합의 미래를 보장하고 싶어할 뿐이다. 그러나 그렇게 해서 생기는 결과나 공동체에 주는 이점은 아직 미약하다.

9장
협동조합과 국가

국가가 모든 경제와 사회 문제를 해결할 수 있는 힘을 가졌다고 생각하는 광적인 믿음이 스웨덴 국민 대부분, 특히 노동 계층의 신념이었던 것은 그리 오래 전 일이 아니다. 이 신념을 가진 사람들은 보통선거권만 있으면 국가를 모든 분야에서 전지전능하고 자애로운 아버지로 변모시킬 수 있다고 생각한 것이 분명했다. 이 신념의 지혜와 정확성을 의심할 만큼 대담한 사람이라면 지독한 신성 모독자거나 아니면 가망 없는 반동분자임이 틀림없었다.

국가 운영에 대해 어떤 목소리도 낼 수 없었던 많은 이들이 국가에 대해 가진 이 숭고한 믿음은 가까이 할수록 오히려 줄어드는("익숙함은 멸시를 낳는다") 숭배에서 우러나온 것이다. 또한 소수가 지배하던 시절에 정부가 입법권과 과세권으로 소수의 이익에 영합했던 기억도 영향을 미쳤다. 게다가 이러한 생각이 유행했을 때, 국가는 큰 산업체를 빼고는 대부분의 국민이 경험해 보지 못한 권력을 지닌 유일한 조직이었다.

그러나 점차 다른 조직들이 등장하기 시작했다. 영국에서는 코뮌이 읍이나 자치주 의회처럼 공공 복지를 위해 중요한 존재임이 드러났다. 자유로운 조직이 성장하면서 일반인이 경제와 사회 생활에 영향력을 행사할 수 있는 강력한 수단이 생겨났다. 시간이 지나면서 사람들은 노동조합 덕에 정부 간섭보다는 조직화된 자조를 통해 보다 빠르고 쉽게 그들의 열망을 이룰 수 있다는 사실을 서서히 깨달았다. 공제회와 협동조합 운동이 이를 효과적으로 입증한다.

지금으로부터 30~40년 전, (위대한 새 천 년의 역사가 문 앞에 와있을 때, 임시방편에 시간 낭비하는 것이 헛되다고 맹렬히 비난하는 의회 결의안이 울려 퍼지던 것을 기억할 것이다) 기대에 부풀어 새로운 징후를 기다리던 분위기는 이제 흔적도 없이 사라졌다. 팔짱을 낀 채 새로운 사회 질서의 출현을 묵묵히 기다리자고 말하는 사람은 이제 아무도 없을 것이다. 구성원 자신이 하루하루 열심히 노력하는 것 이상으로 사회가 나아지지 않는다는 것을 모르는 사람은 없다.

제1차 세계대전 뒤 몇 년 동안은 방금 말한 것과는 많이 다른 분위기였다. 모두의 이해 관계에 긍정적인 영향을 주는 국가의 능력이 좌절된 모습을 세계 곳곳에서 볼 수 있었다. 제1차 세계대전을 겪은 이들에게 이는 자연스러운 일이다. 몇 년에 걸친 전쟁과 전후 첫 해에 분별력이 생긴 세대는 국가가 절대 권력을 갖게 되면 인간의 발전과 진전이 끔찍한 위험에 빠질 수 있음을 처음 배웠다. 전쟁 중인 국가는 모든 국민을 강제 징용해 전쟁터로 몰아넣었고, 그것은 인류에게 엄청난 참사였다. 전쟁과 함께 개인의 모든 권리는 사라졌다. 개개인의 사업 능력과 자원, 그들의 삶 자체도 국가 자산이 되었다. 전쟁 전에 있었던 민주주의를 군부 독재가 이었다. 언론의 자유에는 족쇄가 채워졌고, 사상의 자유는 가장 유력한 용의자로 간주되었다. 국가가 하는 일은 모두 옳다고 생각하도록 심리적으로 강요했다. 각국 정부는 전쟁에 필요한 돈을 공개적으로는 징수할 수 없었기 때문에, 대대적으로 은행권 발행 액수를 부풀려 우회적인 방법으로 저축과 당기순이익을 몰수하려고 했다. 이러한 시도가 아무리 '합법적'이었다고 해도 진실은 절대 변하지 않는다. 칼을 칼집에 넣은 뒤에, 해당 국가들은 전쟁터를 재정 분야로 옮겼고, 이 중에는 국가 재정 대부분을 새로운 지폐 발행에 의존하는 불운한 국가들도 있었다. 이 때문에 통화 가치가 떨어져 규모가 큰 주요 산업이 생겨났고, 국민 대부분은 재산을 잃었다.

나 자신도 국가의 끔찍한 권력 남용에 대한 반발이 국가를 붕괴 시킬 수도 있는 극단적인 방법으로 이어질까 두려워했다. 이 책 초판에서 이런 두려움을 밝힌 바 있다.

> 이러한 결과는 그와 정반대인 국가 지상주의만큼이나 바람직하지 않다. 정의와 문화는 분명 위축될 것이고, 많은 국가들이 일부 중남미 국가에 만연했던 무질서 상태에 필적할만한 상황에 빠지게 될 것이다. 그동안 많은 국가 재정에서 일어난 일대 혼란이 아주 위험한 상태로 발전할 위험을 부추긴다. 이런 국가에서 행정과 사법은 부패하고, 명예와 신뢰는 외적 압박에 굴하며, 부패와 족벌주의가 판치고, 공공 서비스의 효율성은 악화되며, 공기업은 부패해 무너지는 조짐을 보인다.

위 글을 쓴 뒤 여러 국가에서 벌어진 사건들을 보면, 이러한 두려움이 현실이 되었음을 알 수 있다. 정부는 두려운 위험 요소를 동반한 붕괴 위험에 처했다. 여러 국가가 내부의 무질서와 대가가 너무나도 큰 정치적 · 사회적 실험의 희생양이 되었다. 법과 정의는 버려졌다. 국가주의자의 편견과 열망은 전후 세대에서 다시 불붙었고, 권력 투쟁에서 정치 세력으로서 자신들의 가치를 보았던 교활한 정치가들이 이를 최대한 활용했다.

그 결과 국가 권력이 엄청나게 커지고 독재 정부가 여러 국가를 장악했다. 독재는 전능한 정치적 신으로 승격되었고, 일반 시민은 그들의 행위를 비난하기는커녕 이에 대해 토론하는 것조차 허용되지 않았다. 오로지 복종해야만 한다. 독재자와 다른 의견을 가지고 있을지도 모른다는 의혹만으로 처벌을 받는다. 군비는 그 어느 때보다 빨리 확장되고, 시민은 국가가 권력을 장악할 수 있도록 돕기 위해서만 존재한다는 생각이 퍼진다. 아이들은 그저 조국을 위해 죽으려고 태어난 것이라고 배운다. 오로지 전쟁만을 위한 이러한 생각이 다시 살아나 전 세계가 회복 불가능한 참사를 향해 가고 있다. 그 참사는 개선된 전쟁 무기 때문에 제1차 세계대전보다 훨씬 더 심각할 것이 분명하다.

이렇게 끔찍한 상황을 피할 방법을 생각하는 것이 소용없는 일처럼 보인다. 지금도 사회 조건의 형태에 대해 심사숙고할 권리가 있는 국가는 결코 이 권리를 무시하지 말아야 한다. 이런 국가의 시민들에게, 국가 권력의 부패를 막고 독재가 권력을 장악하는 불행을 막아 자유 시민권을 되찾기 위한 길고도 험한 투쟁을 하는 것은 생사가 걸린 문제이다.

무소불위의 권력을 쥔 국가만큼이나 비 인간적인 독재는 없다는 점을 현대 역사는 끔찍하고도 분명하게 보여줬다. 다른 모든 기관과 마찬가지로, 국가에서도 시민 기업이나 시민 조직 같은 견제 세력이 없고 정부 관료의 침해를 전혀 받지 않는 시민 생활 영역이 없으면 견딜 수 없는 폭정이 나타나곤 한다.

협동조합의 원칙과 실천을 확실하게 익힌 협동조합인이라면, 정부의 권력과 권한이 어떻게 통제되어야 개인의 자유와 그 자유를 중심으로 결속하려는 요구를 충족시킬 수 있는지 쉽게 이해할 것이다.

우선 여러 국가가 자결권을 가지면서도 조화롭게 협동할 수 있는 가능성에 대해 연구해 봐야 한다. 이 문제는 요즘 들어 더 심해졌다.

국가를 없앨 수도 없고, 없앤다고 해서 행복한 삶을 얻는 것도 아니다. 전 세계를 아우르는 하나의 국가를 꿈꾸는 것도 터무니없다. 왜냐하면 이러한 정부에는 방대하고 복잡한 조직이 필요한데, 앞으로 수천 년 간 훌륭하게 평가 받는 인재라도 이렇게 큰 조직을 관리하기는 힘들기 때문이다. 입법과 행정의 여러 문제를 기계적이고 융통성 없는 방식으로 해결하는 하나의 세계 국가가 탄생하면, 각 민족과 국민들에게 이제까지 경험한 것보다 더 참기 어려운 강압이 뒤따를 것이다. 이런 점에서 소속 국가에 최대한의 자유를 허용하는 국제적인 국가 연합체라고 해도, 자유를 사랑하는 사람들이 그 안에서 행복을 느낄 수 없으리라는 부담을 가질 것이다. 수적으로도 거의 비슷하고 서로의 말도 알아들을 수 있는, 즉 뿌리가 같은 두세 민족이라도 이들을 하나로 통합하는 것은 그 중 한 민족이나 모두를 불행하게 만드는 원인에 불과했다. 스웨덴 국민에게 가장 익숙한 예는 바로, 1389~1521

년에 스웨덴과 노르웨이, 덴마크가 맺은 칼마르동맹과 1814~1905년에 맺은 스웨덴-노르웨이연방이다.

세계 국가를 옹호하는 사람들은 군사 문제를 일으킨다는 이유로 개별 국가를 반대한다. 하지만 현대 전쟁의 원인은 그런 개별 국가 때문이 아니라, 국가 권력이 자국민들의 국제 이해 관계와 열망에서 적절한 평형추를 갖지 못하기 때문이다. 다시 말해, 개별 국가들이 자국민으로 하여금 인접국에 적대감을 갖지 못하게 하는 내적 힘이 부족한 것이다. 이러한 힘은 개별 국가의 한계와 경계에 직접 영향을 미치고, 국가의 영향력을 뛰어넘는 강력한 경제 조직이 이러한 힘을 지원하지 않는 한, 언제나 너무 약했고 앞으로도 그럴 것이다.

지난 반세기 동안 국제 무역이 확대되면서 여러 기업들이 국가 경계를 무시하게 되었는데도, 대부분의 정부는 국민들의 일용할 양식과 경제적 복리를 보장할 기회는 국가가 해외에서 힘을 키우는 데 달려 있다고 생각한다. 그래서 "국민의 경제적 이익을 보호하기 위한" 국가의 노력에 대한 믿음을 국민들에게 주입하고 이를 유지하는 데 성공했다. 국가는 정부 부처와 당국의 지시에 따라 대외 경제 정책을 펼침으로써 경제 독립체가 되기 위해 최선을 다했다.

이를 위해 대부분의 국가는 높은 관세 장벽 등 국제 무역에 여러 장애물을 갖추었고, 또한 최근 몇 년 동안 국제 무역 독점, 통화 할당, 수입 비상 대책, 해당국 수입량과 수출량이 같아야 한다는 요구 등 새로운 형태의 규제를 했다.

이런 점에서 본다면, 이 세상에 더 나은 조건을 원하는 모든 사람에게 한 가지 확실한 목표가 있다. 그것은 바로 국가의 권한과 권력을 축소하는 것이다.

다양한 종류의 의무와 책임을 국가에 지우는 데 반대하는 다른 이유도 많다. 유럽과 서방 국가가 이런 면에서 한계를 넘어섰다는 견해는 이제 일반적인 의견이 되었다. 국민이 뽑은 대표를 통해 정부 부처를 통제한다는 것은, 특히 덩치가 큰 국가일수록 순전히 거짓이 될 가능성이 있다. 정당 간 논쟁의 주제가 되는 일만이 대중의 관심을 받는 상황에 이르렀다. 공공 복지를 위해 중요한 문제는 관련된 일부 전문가가 맡고 그의 권한과 추천에 따라 결정한다. 반면, 정치색을 띠지 않는 단순한 문제들이 위엄도 없고 유용하지도 않은 당파 싸움의 주제가 되는 일도 있다.

우리는 맨체스터 자유주의가 국가에게 법과 질서의 유지라는 의무만 부과함으로써 전제 정치를 막기 위한 훌륭한 본보기를 제시했음을 인정해야 한다. 그들은 국가가 개개인의 삶에 간섭하는 것을 용인하지 않았다. 맨체스터 학파에 따르면, 세계 경제의 논리적 발전은 자유롭게 조직된 세계 공동체의 진전으로 이어지고, 그 과정에서 국가가 요청 받지 않은 일에 간섭하면 국민들의 강력한 반대에 부딪혔을 것이다. 이런 식의 발전이 너무 빨리 사라진 이유는 일반 원칙을 적용하는 데 있어 과장된 점 때문이기도 하고, 발전 동기가 개인의 이익에 대한 욕구였기 때문이기도 하다. 앞서 말한 바대로, 이 체계의 유일한 규제 또는 조절 장치인 이익에 대한 욕구는 자유 경쟁에 치명적이다.

그러나 맨체스터 자유주의가 국가 활동이 그들의 태곳적 주장인 정의 수호를 넘어 다른 영역으로 확장되는 것을 강력히 반대한 것은 너무나 비현실적이었다. 이는 사람들이 자유주의 원칙을 불신하게 된 원인이기도 했다. 자유주의 원칙 지지자들은 오늘날 사회 정책으로 펼쳐지는 다양한 조치 없이는 정의를 지킬 수 없다는 사실을 놓쳤다. 이러한 조치는 예를 들면 모든 공동체 구성원에게 인생의 동일한 출발점에 설 권리를 주고, 개개인이 사회적인 문제나 노동 문제로 곤궁해져 고리대금업이나 다른 억압을 당하지 않도록 보호하는 것이다. 산업혁명 초기 단계처럼 노동력에 대한 수요보다 공급이 더 많을 때, 노동자는 배고픔과 추위 때문에 일터에서 긴 노동 시간과 생명을 위협할 정도는 아니더라도 몸과 마음을 해치는 조건에 따를 수 밖에 없다. 이 학파의 관념적인 정의가 지닌 불공평함을 보여주는 사례는 잘 알 것이다. 경제적으로나 사회적으로 신분이 높은 이 학파 옹호자들은 기업가에게 무한한 자유를 주자는 이들의 원칙 때문에 외면하거나 잘못 이해한 이론적 결함을 인식하거나 비판하지 않았다. 또한 이들은 국가 절대주의의 위험에 빠지지 않고도 시민에게 많은 혜택을 주면서 수많은 경제적 의무를 정부가 직접 행하거나 정부와 협력해서 할 수 있다는 점도 이해하지 못했다. 어떤 경제 활동을 어떻게 하느냐에 대한 결정은, 그 결정이 국제 관계의 자유로운 발전을 도모하느냐에 달려 있다. 국가가 하는 일이 일정 영역에서 자국민의 요구를 충족시키는 것뿐이라면 이 의견에 대한 반대는 없을 것이다. 그러나 국가권력과 자원을 이용해 다른 국가로부터 양해나 혜택을 얻어내는 것이라면, 그런 일은 단호히 거부해야 한다. 물론 국민 요구에 가장 효과적으로 부응하는 형태의 사업과 교역을 고려하고, 여러 의무나 기능을 추가함으로써 정부 기관을 혹사 시킬 가능성도 고려해야 한다.

일부 국가는 전쟁이 끝나고 필수 원자재, 특히 기름과 인산염, 석탄 공급을 통제함으로써 다른 국가의 산업적 성쇠에 영향력을 행사하고자 노력했다. 앞으로 자유로운 국제 경제 합의에 이를 가능성에 이보다 더 해로운 영향을 미치는 것을 상상하기 힘들 것이다. 자국 산업의 끊임없는 발전만을 도모하는 선동자들이 옹호하는 어떤 방식에서도 이런 공격성은 실패하겠지만, 여론은 이러한 노력에 현혹된다. 일단 정책이 도입되면, 그 정책을 완수하는 것은 일부 개인과 정당에게 명성의 문제가 된다. 그들은 숭고한 국익을 위해 무슨 일이 있어도 자신들이 성공적으로 정한 제안과 조치를 지지해야 한다고 주장한다. 민간 기업도 대중에게는 유해한 것에서 이익을 얻는 것을 알 수 있고, 당연히 자신들이 얻을지도 모를 혜택을 끝까지 지키려 할 것이다.

이와 유사한 경우는 수입 관세이다. 국민들은 아무리 반대해도, 이를 통해 번창하는 트러스트 기업들이 수입 관세를 강력하게 옹호해서 대부분 유지된다. 그러나 원자재 관리는 보호주의 조치보다 훨씬 더 큰 영향을 미친다는 점에서 수입 관세와는 다르다. 만약 어느 국가가 희소한 원자재 공급을 통제한다면, 자국민에게 **직접적인** 불편을 주지 않으면서도 이러한 재화의 수출 가격을 올리거나 특정 국가에 대한 수출량을 제한할 수 있다. 이런 조치에 대한 자국민의 지지를 얻기 위해 정부는 자국의 원자재 값을 내리면 된다. 반면, 수입 관세 인상은 인상된 수입 관세가 적용되는 영역에 속한 사람들에게만 영향을 준다. 그러므로 수입 관세 인상에 반대하는 유권자는 정도의 차이는 있지만 별로 많지 않을 것이다.

이제까지 말한 경향들로 국가 권한과 간섭 영역의 제한을 요구하는 목소리가 더 커질 것이다. 왜냐하면 이는 국민의 능력과 자원을 위험하고 도덕적으로도 비난 받을 게임에 몰아넣는 국정 운영 기술과 관련되기 때문이다.

지금까지 논하지 않았던 문제를 보다 자세히 살펴보는 것은 주제에서 많이 벗어나 어렵지만, 그만큼 흥미로운 문제로 넘어가도록 하자. 우리가 필요하다고 생각하는 방향으로 이끌 진정한 힘이 존재하는가? 인류의 진보를 도모할 권한과 권력을 다시 얻기 위해, 국가는 공동체 재원과 시민을 징발하는 무한한 권리를 포기하려는 노력을 스스로 해야만 한다. 그렇게 한다고 해서 국민의 복지에 대한 가치가 위태로워질 것을 두려워할 필요는 없다. 오히려 국가가 주변 국가에 대항하기 위한 조치를 취하다 보면, 안타깝게 방치된 많은 문제들을 해결할 기회를 갖게 될 것이다. 정부 기관이 특권인 양 관리해 온 영역에서 자발적으로 물러나리라고 기대하는 것은 부질없는 일이지만, 강제로 철수당할 수는 있을 것이다. 이런 일은 사람의 사고방식에 꼭 필요한 쇄신을 촉진하는 이해 관계가 생길 때만 일어날 수 있다. 편견과 감정, 대대로 이어져 온 오해가 아직까지 국민 90퍼센트 이상에게 상식으로 통하는 문제에서는 교육만으로 무언가를 얻기란 불가능하다.

나는 1924년 이후 국정 운영이 회복되리라는 희망에 부풀어 있었다. 하지만 불길한 일들이 이어졌고, 최근 1936년 여름 천둥을 동반한 먹구름이 금세라도 비를 쏟아 부을 듯 하늘을 뒤덮을 때까지 그것이 너무나도 순박한 모습으로 가장한 맹목적 국수주의 형태였음을 통절히 깨달았다. 그러나 오늘 무슨 일이 일어나더라도, 내일이면 국민과 국가는 서로를 필요로 할 것이다. 그리고 유럽이 경제적 · 사회적 비

극에 빠지지 않으려면 국제 무역 관계를 재개해서 발전시켜야 한다는 신념은 보편적으로 인정될 것이다. 그러면 자국민의 생활 수준을 유지하기 위해 다른 국가에 대한 의존도가 높아지는 만큼, 국가가 다양한 생산 분야 간의 경제적 경계를 만들려는 노력을 격렬하게 반대할 이익이 생길 것이다.

특정 집단의 잘못된 생각이 지금 국가가 펼치는 악의적인 노력에 기여했는데, 최근에는 이러한 생각이 폭발적으로 모든 계급 사이에 퍼졌다. 이 잘못된 생각이란, 생산은 그 자체가 목적일 뿐 인류를 위한 것이 아니며, 사람은 생산이라는 제단에 바쳐질 희생양이라는 것이다. 모든 정부 정책의 진정한 토대인 일반 국민들이 이런 터무니없는 오해를 하고, 이제는 여러 세대 사이에 단단히 뿌리내렸다. 1921년~1923년, 스웨덴의 실업률이 높았을 때 그 누구도 상품을 구매할 여력이 없었지만, 책임 있는 사람들은 노동자들에게 "생산적인 일"을 할 수 있는 기회를 제공하도록 정부가 자금을 대줄 것을 제안했다. 많은 생산 분야에서 완제품 재고가 상당히 많이 남았으며, 바로 그 때문에 고용을 중단했다. 예를 들어, 설탕 재고량이 적정 수준을 훨씬 넘어섰지만 사탕무 생산지 철도에 화물을 제공해달라는 간청에 따라, 스웨덴 의회는 설탕 산업에 대한 정부 지원을 요구했다! 다른 국가에서도 이와 비슷한 생각이 지지를 얻고 대규모로 실행되었다. 전 세계에 밀과 목화가 넘쳐흐르는데 미국은 생산 촉진을 위해 밀과 목화 생산자들에게 지원을 했다. 또한 1930년대 다른 국가에서 이미 과잉 생산된 제품의 자국 생산을 촉진하기 위해 스웨덴이 국제 무역을 중단 시킨 것 등 이런 조치들은 잘못된 생각에서 비롯되었다.

우리는 이런 조치들을 웃어 넘길 수 없다. 왜냐하면 사업 활동이 재화의 생산으로 이루어진다는 일반적인 생각이 아주 자연스럽게 표현된 것이기 때문이다.

소비자협동조합은 전혀 다른 생각을 보여준다. 상품은 오로지 사람의 물질적·정신적 요구에 부응하기 위한 것이고, 협동조합은 이 일에 대한 관심을 끌어내기 위해 특별히 고안된 것이다. 소비자협동조합은 자신이 열심히 만든 사업 시스템을 통해 공공 복지를 높임으로써 국가 절대주의를 대체하는 조직으로 훌륭히 탈바꿈하기도 한다. 소비자협동조합은 국제협동조합연맹 규칙에 따라 완전한 독립체로서 자체 자원을 가지고 사업을 시작한다. 소비자협동조합은 국가나 다른 조직의 원조를 받지 않고 소비자들의 자유로운 결사체에 기반을 두고 공동체 경제를 세운다.[1] 주요 공산품 공급이 소비자협동조합 기

---

1 "국제협동조합연맹은 로치데일 선구자들의 임무를 이어받아 완전한 독립체로서 자체 방법을 사용하며, 상호 자조를 기반으로 현재 민간 기업의 경쟁 체제를 공동체 전체의 이익을 위해 조직된 협동조합 제도로 대체하기 위해 노력한다. —국

준선까지 복원된다고 가정하면(적어도 몇 십 년 안에는 이루지 못할 희망 사항이지만), 여러 면에서 이루어지던 정부의 간섭은 더 이상 지금처럼 정당화될 수 없다는 결론을 내릴 것이다. 그리고 국가가 하던 대부분의 교역과 활동을 소비자에게 넘겨줄 것이다. 유권자들이 경제 조직의 방향이 지닌 뜻을 어지럽히려는 조치를 승인하지 않을 정도의 판단력은 있다고 확신한다. 공동체의 완벽한 협동조합화가 이루어지기 전에, (이것이 과연 가능할지 지금은 자유로운 의견이 나오도록 두자.) 소비자의 관점으로 국가의 행위를 판단하는 습관이 깨어 있는 유권자들 사이에 나타날 것이다. 이로써 다른 국가와 경제 전쟁을 벌이려는 국가에 제동을 걸 수 있을 것이다.

여기서 가정한 변화 때문에 주변국의 태도와 상관없는 군비 축소가 그렇듯이, 어떤 상황에서는 국가의 존립 자체가 위험해질 수도 있다고 단호히 반대하는 사람도 나타날 수 있다. 주변 국가에 영향을 주지 않는 특정 국가의 발전 문제라면 이러한 반대에도 근거가 충분하다. 그러나 지금 우리는 지난 1세기 동안 산업과 상업의 진전을 지속시킨 국제 현상을 다루고 있다. 국제 무역에 대한 여러 국가의 제약을 풀어 줄 전 세계적인 경제 공동체처럼, 우호적인 상황이 만들어지지 않는

제협동조합연맹 규칙, 제1장(1934년). (역)

다면 이러한 진전을 제대로 이룰 수 없다. 동시에, 이러한 제안은 대부분 사람들에게는 터무니없는 것처럼 보일 것이다. 여러 국가의 전후 독재는 절대주의 체제를 견제할 수 있는 모든 시민 조직, 심지어 협동조합도 망가뜨렸기 때문에, 그러한 제안은 얼토당토않은 것으로 묵살되었을 것이다. 그러나 다른 시기에는 건전한 생각이 독재자보다 더 강한 세력도 쓰러뜨릴 만큼 강력했다. 이런 생각은 틀림없이 다시 퍼질 것이다.

일시적으로 협동조합에 관심을 갖는 정치인들은 목표 의식적인 소비자협동조합이 정부의 지원 제안을 단호하게 거절하는 것을 보고 깜짝 놀란다. 이 점에 대해서는 앞에서 다른 각도로 다뤘다. 협동조합은 본연의 임무를 포기하지 않는 한 국가의 경제 지원을 받을 수도 없고 국가 정책의 수단이 될 수도 없다는 사실이 협동조합인에게 더욱 명확해져야 한다. 협동조합은 국가보다 더 높고 더 나은 것을 목표로 삼는다.

한편 협동조합은 어떤 식으로든 국가에 적대적이지 않다. 협동조합은 국가 사법권에 기꺼이 복종한다. 또한 국가와 같은 강제 조직이 지금도 그렇고 앞으로도 가장 포괄적인 의미에서 권리와 정의를 지키고, 보통 교육을 제공하고, 병자와 노약자를 돌보고, 이와 비슷한 수많은 임무를 위해 꼭 필요하다고 생각한다. 그러나 동시에 물질적 욕구

충족에 있어서는 사람들의 자유로운 협동이 강제 조직보다 더 낫다고
여긴다. 또한 협동조합은 로치데일 원칙을 통해 잉여의 분배에 대한
새로운 경제적 질서를 확립했다는 데 자부심을 갖고 있다. 정부가 개
별적인 영리 추구만이 공동체 발전의 원동력이 된다는 생각에 사로잡
혀 있던 때, 협동조합은 이윤을 모조리 없애고 조합원이 협동조합을
이용함으로써 생기는 이익에 대한 조합원의 권리를 인정했다. 사업의
목표가 이윤 생산이 아닐 수 있다는 생각은 협동조합 사업의 근거가
되는 스웨덴법에서도 여전히 낯설고, 강력한 반대를 겪은 지금에서야
세법에 조금이나마 영향을 미쳤다. 그러나 이제 협동조합은 스웨덴
경제 생활에서 최고로 인정받고 있다.

이러한 경험을 통해 자신의 힘으로 가정 경제 생활을 독립적으로 영
위하게 되었다. 더 나아가 자신이 속한 사회에 대한 일반적 신념을 인
정받게 할 수 있는 능력이 조직화된 소비자의 믿음에서 나올 수 있음
을 확인했다. 한 번 굳건히 믿게 된 사람은 그 믿음을 절대 포기하지
않을 것이다.

10장
협동조합과 사회 개조

어느 시대에나 상상의 나래를 펴는 이상주의자가 있듯이, 지난 세기 초 공상적 사회주의자들은 국민들의 자유 의지로 또는 충분한 영향력을 가진 사람에 의해 새로운 사회를 만들 수 있다고 생각했다. 프랑스의 샤를 푸리에는 20년 동안 매일 정오에 자신의 방에 앉아 최초의 사회주의 생활 공동체 팔랑주 설립 비용을 모두 부담하겠다는 백만장자를 기다렸다고 한다. 이는 인류가 승리의 깃발을 흔들며 동료애가 넘치는 새로운 왕국으로 곧장 들어가는 문을 만들려는 것이었다. 로버트 오언은 8장에서 인용한, 1835년에 그가 만든 "전국총계급연합"에 대한 지지를 얻기 위해 당시 가장 영향력 있는 정치인 메테르니히 공을 만나려 했다.

칼 마르크스는 사회 진화에 대한 유물론적 역사관이 담긴 책을 펴내 공상적 사회주의자의 철학과 제안을 단번에 휴지 조각으로 만들었다. 그의 이론은 사회에 실존하는 강력한 동력에 기반한 것으로, 씨앗에서 식물의 싹이 트듯이 이 동력이 자본주의 체계와는 전혀 다른 새로운 질서를 낳는다는 것을 보여주려고 했다. 지난 50년 동안 마르크스주의는 노동자 계급의 정치학 뿐만 아니라 사회 과학에도 많은 영향을 끼쳤다. 그러나 이상주의는 완전히 사라진 적이 없다. 이상주의는 수많은 노동자들 속에 살아남아 그들의 우울한 처지를 위로해 주었다. 사회가 어떤 조건에 있든지 물리적 혁명을 통해 이상 사회를 실현할 수 있다는 믿음이 사람들에게 마르크스주의와 동일시된 것은 참으로 이상하다. 이는 마르크스 추종자들이 열심히 교육 선전을 했음에도 마찬가지였다. 혁명의 지도자들은 심지어 **경제적**으로 개발되지 않은 국가에서 발생했어도 우리 시대의 위대한 혁명은 마르크스주의 이론을 현실에 적용한 것이라고 선언했지만, 대중이 봉기를 일으킨 힘은 마르크스의 철학적 · 사회적 원칙이 모든 면에서 완벽하다는 확신이 아니라 단순한 이상주의적 신념이었다. 감히 역설적으로 설명하자면, 그 결과가 마르크스주의에 강력한 증언과 자극이 되었다. 왜냐하면 그 어떤 책략으로도 사회의 경제 발전 단계를 뛰어넘을 수 없다는 사실이 확실히 입증되었기 때문이다.

우리는 폭력으로 헌법을 바꾸고, 경제 조직의 자연스러운 성장을 방해하는 법령집을 없애고, 황제도 바꿀 수 있다. 그러나 거기까지다. 우리는 지금 시대가 지닌 기술의 가능성, 개인의 가능성, 조직의 가능성이 허용하는 한계를 뛰어넘을 수 없다. 운이 아주 좋다면 이러한 가능성을 전보다 더 잘 활용한다고 장담할 수 있을 뿐이다.

노동의 결실을 행복하게 나누는 것조차 이에 맞는 조건이 무르익기 전에는 단번에 이룰 수 없다. 공동체의 경제 조직이 가진 원동력을 대체할 다른 강력한 동력이 없으면서 기존의 원동력을 제한하고 방해하면, 그 경제 조직의 일과 생산량이 줄어들고 생활 수준의 여유가 없어 더 이상 떨어질 바닥조차 없는 보통 사람들이 피해를 입는다. 생산성 저하는 일반 대중을 가장 먼저 공격한다는 것을 역사가 보여준다.

이 문제를 신중히 생각해 보면, 지금보다 풍족한 삶을 원하는 대중의 요구를 충족시킬 새로운 사회 조건을 도입하려면 조직을 개선하고 기존의 원동력인 영리 추구를 새로운 사회 조건에 적합한 것으로 대체해야 한다는 결론에 이른다. 둘 다 쉽지 않다. 무엇보다 다른 모든 유기적 발달과 마찬가지로 둘 다 시간이 걸리는 일이다.

소비자협동조합은 기존보다 더 합리적으로 생필품을 생산하고, 조직적으로 유통시키기 위해 의식적이고 계획적으로 애쓰고 있다. 다른 한편, 이윤을 향한 탐욕 대신에 인간의 욕구를 충족시키는 방편으로 재화에 대한 직접적 이해 관계를 원동력으로 삼으려고 노력한다. 소비자협동조합이 선택한 방법이 옳았음을 실제 결과가 보여준다. 그러나 우리는 경제 생활을 개조하려는 협동조합의 계획이 너무 느리다는 비난을 끊임없이 듣는다. 이렇게 비난하는 사람들은 자유 의지에만 호소하고 재정적 관행에 따라 필요한 자본을 얻으려고 해서는 간절히 원하는 변화를 얻기까지 시간이 오래 걸린다고 생각한다. 그들은 미래의 가능성에 만족하지 않고 자신들이 스스로 씨를 뿌리고 길러 수확까지 할 수 있기를 원한다고 주장한다.

누구나 더 효율적인 방법을 좋아하기 때문에 이 목표를 더 빨리 이루기 위한 다른 방법이 있다면, 비평가들이 옳을 수 있다. 하지만 그 누구도 더 나은 길을 찾지 못한 것 같다.

협동조합은 원대한 목표는 접어두고 일반 대중의 사정을 개선할 일상 업무만을 생각하면서 이 목표를 위해 노력하는 유일한 조직이다. 협동조합의 진면목을 보기 위해 이렇게 질문해 보자. 어떤 조직이 단하루도 경계를 늦추거나 끊임없는 노력도 하지 않으면서 과연 순간적으로 결과를 얻고 그 결과를 유지할 수 있는가? 그럴 수는 없다!

사회 조건을 개선하기 위한 노력이란 사실 개별적인 노력과 실행이 끊임없이 이어져서 만들어지는 것이다. 이는 아주 흔한 사실이다. 그런데 대중 교육이 많아졌는데도 대부분의 사람들은 자신의 일상 경험에서 가장 간단한 것조차 추론해 내는 법을 배우지 못했다. 이 점을 잊지 않아야 한다.

모든 정원사는 나무가 열매 맺으려면 오랜 시간 기르고 돌봐야 한다는 것을 알고 있다. 정원사가 시장 점유율이 높은 변종을 생산하기 위해서는 몇 해에 걸쳐 노심초사하며 힘들게 일해야 한다는 사실도 잘 안다. 하지만 자신만의 분야가 아닌 곳에 대해서는 주의 깊게 노력을 기울여야 함을 모르거나 무시하게 된다. 우리 모두 비슷하다.

예를 들어, 다른 어떤 것보다 중요하고 긴급한 주택 문제가 있다고 하자. 이 문제를 대폭 개선하지 않으면 일반인들은 비 인간적인 조건에서 계속 살아야만 한다. 누구나 이 사실을 알 고, 따라서 이 문제를 즉각 해결할 것을 **요구**하지만, 이는 우리에게 거의 도움이 되지 않는다. 이 문제를 해결하고 고통을 줄이려면 굉장히 많은 주택을 마련해야 하는데, 결의안만으로 할 수 없는 일이고 의회의 조치로도 한계가 있다. 새 주택을 공급하려면 무엇보다 많은 노동자가 필요하니까 다른 생산 노동자를 데려와야 한다. 여기에서 어려움이 시작된다. 우선 건설업 노동자는 장기간 훈련을 받아야 하는데, 이러한 훈련에는 비용이 많이 든다. 이런 사업 분야의 진입 장벽은 낮춰야 하지만, 일부 건설업은 독점적인 성격을 띠기 때문에 (이를 바꾸려면 여러 해 노력해야 한다) 사정은 그리 좋지 않다. 그러나 이러한 장애 요소를 극복했다고 가정해 보자. 그래도 아직 갈 길이 멀다. 이렇게 엄청난 규모의 건설을 진행할 방법을 모색해야 하기 때문이다. 적어도 아이가 있는 가정에 방 3개와 부엌이 딸린 집을 제공할 정도로 일을 진행하려면, 공동체가 그간 모은 자본은 모두 이 일에 쓰일 것이고 교통 수단을 제공하고 유지하는 것 같은 다른 모든 일들은 제자리걸음이거나 쇠퇴할 것이다.

이 문제를 단순화해서 자국 통화가 없는 공산주의 공동체가 이러한 주택난을 겪는다고 가정해 보자. 공산주의 공동체는 당연히 충분한 인력이 건설 업무를 다 익히고 난 뒤에 집을 짓도록 지시할 것이다. 그러나 견습 기간이나 실제 건설 현장에서 일하는 동안 노동자들이 공기나 꿈을 먹고 살 수는 없기 때문에 이들에게 음식과 옷을 제공해야 한다. 이같은 공산주의 공동체에서는 이를 위해 주택 건설로 이득을 얻는 다른 구성원들이 건설업자를 먹이고 입히기 위해 필요한 만큼 자신에게 배급된 음식과 옷의 일부를 포기하도록 강제해야만 겨우 해결할 수 있다. 따라서 너무 많은 '주택세'를 부과하면서 동시에 철도와 고속도로, 운하와 항구 개선에 종사하는 노동자, 제분소와 공장에서 일하는 기술자와 엔진 정비공 등 요새 말로 '실물 자본'이라고 할 수 있는 건설 현장 노동자들을 유지하기 위해 필요한 것을 모두 요구할 수는 없다. 이러한 어려움을 피하기 위해, 공동체 다른 부문의 희생을 줄이면서 같은 수의 주택을 지을 수 있는 새로운 건설 방법을 개발해야 한다. 개인의 소비를 줄이지 않고도 공동체가 건설 노동자들을 유지할 수 있을 정도의 생필품 생산을 늘려 문제를 해결할 수도 있다. 그러나 이러한 주택 문제를 합당한 시간 안에 해결하려면 이 두 가지 방법 중 하나, 가급적 두 가지 방법 모두 실현해야 한다. 이 사례를 통해 복잡한 금융 시스템과 운영 때문에 일반인이 공동체의 존립을 좌우하는 현실을 이해하기는 어렵지만, 오늘날 우리 사회를 포함한 모든 공동체의 상황은 매우 비슷하다.

제1차 세계대전이 일어나기 전에 세계에서 주택난이 가장 심했던 러시아의 상황을 주목해 보자. 러시아는 공산 혁명 이후 20년 만에 주택 문제에서 상당히 많은 진전을 이뤘다. 그런데 지금 러시아 국민의 주택 수준은 오래 전 산업화된 국가들보다 훨씬 뒤쳐져 있다. 왜 그럴까? 왜 모든 노동자와 농민이 제대로 된 집에서 살지 못할까? 앞의 몇 장을 읽은 독자라면 이 질문에 제대로 답할 수 있을 것이다. 고립된 채 또는 다른 국가의 노동력과 기술력, 자본으로 할 수 있는 것보다 더 빨리 그리고 스스로 생산 문제를 해결하는 것은 다른 모든 국가와 마찬가지로 러시아에서도 **불가능하다**는 게 입증되었다. 아무리 맹렬히 일한다 해도, 분명 여러 세대가 지나야만 모든 국민이 쾌적한 집에 살 수 있을 것이다.

196

이 사례를 통해, **가능한** 발전과 진보를 제대로 계산하려면 반드시 필요한 기본 조건이 무엇이고 그 조건이 어느 단계에 이르렀는지를 살펴야 한다는 점을 강조하고자 했다. 대량 생산하는 필수품의 새로운 유통과 제조 시스템을 구축하는 일도 여러 면에서 주택 문제 해결과 맞먹는다. 새로운 체계를 구축하는 기관이 어떤 기관이든, 오늘날 소비자협동조합을 가로막는 장애물과 똑같은 어려움을 극복해야 할 것이다. 무엇보다 우리는 소비자든 협동조합인이든 기업을 경영할 사람을 훈련시켜야 하고, 그들 중에서 적합한 지도자를 찾아내야 한다. 광대한 규모의 조직을 구축해야 하는데, 서두른다고 될 일이 아니고 값비싼 실수나 실험이 따를 수밖에 없다. 모든 경제 활동의 원동력인 이해 관계도 한순간 뒤바뀔 수는 없다. 그 사이에 이익이 지배하면서 협동조합의 길을 가로막고, 대다수는 암묵적으로 이익이 지배하는 것을 당연하게 여긴다. 이런 생각은 서서히 바로잡힐 수밖에 없다. 최근 사건을 보면, 어렸을 때부터 개인의 이익을 경제 활동의 원칙으로 여기며 살아온 사람들이 전혀 다른 환경에 처하면 무슨 일이 일어나는지 알 수 있다. 이들은 활기가 없고, 모든 일에 부주의하며, 자신의 안녕만을 우선시한다. 특채 공무원에게 애국심의 고매한 전통을 가르치는 대신 경제계에서 공무원을 뽑는 국가에서 생기는 부정부패는 어느 정도 이런 이유 때문이라고 할 수 있다.

새로운 조직에 자본을 제공하기 위해 국가와 코뮌이 부과하는 조세 제도처럼 의무적인 세금을 제안할 수도 있다. 물론 이런 식으로 한다면 꽤 많은 돈을 모을 수 있지만, 이렇게 모은 돈은 다양하고 유용하게 쓰이지 않을 것이다. 소비자협동조합은 조합원이 할애할 수 있는 자본 일부를 조합 발전을 위해 쓴다는 계획을 선택했다. 이런 식으로는 일부 조합원들이 원하는 것처럼 빠른 진전을 이룰 수는 없지만, 여러 기업이 진정으로 임무를 완수하고 건전하고 경제적인 방식으로 조합원의 노력과 활동을 끌어내는 것에 비례해서 운전 자본을 얻는 이점이 있다. 만약 경영진이 과세 권한을 가진 기업으로부터 마음대로 재정 지원을 징발할 수 있다 해도, 우리가 말하는 효율성이라는 이름으로 이런 지원을 결코 정당화할 수 없다. 쓸모없고 제대로 운영되지 않는 기업이라도 더 많은 자본을 얻은 이유가 있는 것이다.

공동체의 이익을 위해 5년 또는 10년의 멋진 계획을 만드느라 바쁜 사람들에게 그들의 계획이 책상머리에서 나온 것이라고 비난하지 말아야 한다. 생각을 낳는 출판물을 만들기 위한 노력은 사회의 재원과 가능성을 조사하고, 조직과 기술의 격차와 결함을 찾고, 조직의 혁신을 제안해야 한다. 다른 분야도 이와 유사하다. 쥘 베른의 공상 과학 이야기는 가볍게 즐길만한 책으로 쓰여졌다. 그러나 작가가 당시 발전 경향을 이해하고 있었기 때문에, 그의 기발한 상상과 역학적 예지는 수많은 젊은이들의 독창적 본능을 자극함으로써 사회 진보를 촉진하는 데 엄청난 기여를 했다. 이와 마찬가지로 공상적 사회주의자들은 안타깝게도 불필요하게 많은 피를 흘리고 너무 격렬하게 열광한 데 책임이 있긴 하지만, 많은 이의 정신과 상상에 활기를 불어넣었으며 계몽적인 토론을 많이 이끌어냈다.

오늘날 수많은 설계자들에게 이상주의자들이 이런 역할을 했고, 그들은 이상주의자의 먼 훗날 추종자들이다. 이상주의자나 그 독자들이 미래의 설계를 그저 정신의 유희쯤으로 여기면 아무런 해도 입히지 않고 즐거운 시간을 보낼 수 있다. 그러나 정치인이 선동하거나 지원해서 인간을 게임의 패로 놓거나 인류를 막을 수 있는 유일한 도구로 자신들의 연구와 추측 결과를 출간한다면, 이들은 매우 위험한 존재가 될 것이다.

공동체를 변화시키고 구원할 계획을 구상하는 이들이 이익은 고사하고 해악을 끼치지 않으려면 한두 가지 요소를 명심해야 한다. 우선 공동체와 공동체의 모든 기관이 지금을 살아가는 세대에게 편익을 주기 위해 존재하는 것이지, 과학이나 기하학적 설계로 전환될 원자재가 아님을 한순간도 잊지 말아야 한다. 또 중요한 사실은, 한 가지 면의 변화를 강조해도 이것이 공동체 전체 특히 인류 그 자체에 작용한다는 점이다. 따라서 겉보기에 매우 합리적인 개혁일지라도 최종 결과는 개혁 주창자가 예상했던 것과 다를 수 있다. 마지막으로, 경험 상 기술과 조직의 혁신은 명맥이 매우 짧다. 5년에서 10년 발전 계획을 세우는 사람들은 임기 1~2년 뒤 계획을 완전히 수정해야 하더라도 그것을 불쾌하게 받아들이지 말아야 한다. 수정해야 할 계획을 수정하지 않고 실행한다면 그 계획 기간이 끝날 무렵, 계획에 관련된 기관과 처리 방식 대부분은 사용 불가능하거나 불필요하다는 사실이 드러날 것이다.

공동체의 모든 권력과 재원을 자기 마음대로 할 수 있고 모든 지식과 지능, 기술과 노동력을 동원할 수 있는 사람일지라도 이런 이유들 때문에 언제나 만족스러운 결과를 얻지는 못한다. 공동체를 재조직하려는 '전문가 위원회'가 때로는 무질서를 야기할 수도 있다.

역사적으로 볼 때, 모든 유형의 공동체는 간헐적으로 진보를 이뤘고 진전할 때도 퇴보할 때도 있었다. 지난 20년 동안 일어난 일들이 앞선 시대가 준 교훈을 뒤엎지 못한다. 모든 진보는 끊임없는 위대한 노력의 결과이다. 피땀과 고생 없이는 아무것도 얻을 수 없다.

이러한 이야기들을 통해 협동조합 발전이 느리다고 그렇게 불만스러워할 이유는 없음을 알리고자 했다. 그렇다고 결코 협동조합이 가장 빠르게 진보를 이루고 있다고 주장하는 것은 아니다. 오히려 그 반대이다. 경험 상, 한 국가에서 같은 기간에 심지어 여러 기간에 걸쳐

존재하는 사회에서도 다양한 협동조합들은 각자 다른 속도로 발전한
다. 사람과 마찬가지로, 사업도 내·외부 요소에 따라 성장력이 다르
다. 이같은 현상은 서로 다른 목적을 가진 자발적 단체는 물론 정부와
민간 기업에서도 나타난다. 사람의 힘으로 어쩌지 못하는 강한 요소
도 있지만, 어떤 요소들은 전체 또는 부분적으로 적절하게 통제할 수
있다.

　다양한 협동조합은 각 가정 덕분에 존재한다. 가정과 기업이 같은
모습이다. 영리만을 추구하는 상인은 미개인과도 비밀 거래를 통해
많은 수입을 얻을 수 있다. 하지만 협동조합에서는 조합원이 비열하
거나 정신적으로 성숙하지 않으면 절대 성공할 수 없다. 왜냐하면 협
동조합은 조합원과 별개로 존재하는 것이 아니라, 조합원의 공동 노
력과 열망이 특정 방향으로 발현된 것에 불과하기 때문이다. 여기서
교육과 의지력이라는 요소가 가치를 발휘한다. 모든 민주적 기업과
인재, 외부 조건에는 전진할 수 있는 한계가 있지만, 단지 공동의 의지
가 약해서 이러한 한계에 부딪치는 경우는 아주 드물다. 앞 장에서 이
야기한 것처럼 인재 자체는 주어진 한계에 영향을 받을 수 있지만, 지
금 가지고 있는 가능성을 모두 활용하지는 않는다. 이는 협동조합 발
전이 느리다고 끊임없이 애통해 하면서도 정작 속도를 높이는 일에
개인이 참여하는 것은 조심스럽게 꺼리는 이들에게 주는 대답이다.

조급증은 현대인의 특징이다. 이 조급증은 전보다 더 잘 살고 싶어 하는 정당한 요구와 지금 세대에서 전례 없이 빠르게 이루어지는 과학 기술의 발전에서 심리학적 이유를 찾을 수 있다. 위대한 발명이 줄지어 나오고, 지난 20년 동안 자연에 대한 지식은 아메리카 대륙 발견 이후 세계 지도가 확장된 것보다 더 늘어났다. 하지만 이에 비해 정치적·사회적 조건은 훨씬 뒤처졌다.

지금 세대는 조직과 기술, 과학의 엄청난 진전을 경험했고, 이것이 사회 조건을 개선하리라는 전망에 어느 정도 반영되리라는 점은 확실하다. 그러나 개인 성격과 기질은 거의 개선되지 않았다. 일반 경제 활동을 하는 조직은 앞에서 말한 것처럼 기술이나 과학 발전보다 훨씬 느리다. 이러한 조직의 원칙은 지극히 반사회적이다.

정치는 지난 2천 년 동안 거의 진전하지 않았다. 이런 현실에 반하는 환상을 품고 있던 사람들은 1914년 8월 1일 이후 그들의 환상이 산산이 부서지는 경험을 했다. 제1차 세계대전 중 그리고 그 뒤 전쟁에 참여한 강대국들의 국정 운영 기술은 아득한 옛날 국가가 추구하던 정책과 털끝 하나 다르지 않았다. 옛날에 사용한 화살과 창, 칼 대신 비행기와 독일군의 거대한 대포, 독가스로 공격한다는 차이는 중요하지 않다. 결과는 정확히 똑같다.

다른 무엇보다 삶의 다양한 면이 조화롭지 않게 발전하면 사회 전체에 극도의 긴장감이 조성되고 대중들은 만족을 느끼지 못한다. 한편으로는 정부의 태곳적 방식인 보수주의, 다른 한편으로는 사회에 적대적이고 극단적인 개인주의 원칙이 현대 문명을 심각하게 위협하고 있다.

이 책에서 다룬 문제들을 올바른 관점으로 보기 위해서는 이러한 배경에 비춰 봐야 한다. 새로운 조직에서 공동체의 성장과 발전에 따르는 긴장을 해소할 방법을 찾아야 한다. 우선은 인간 욕구를 채우기 위한 자기 책임적인 방식을 갖추고 강요가 전혀 없는 개인의 협동을 통해 그 다음은 이러한 변화가 점차 진화할 것이라는 새로운 정신적 전망을 통해 가능할 것이다. 지금 소비자협동조합 형태의 기업은 전 세계로부터 관심을 받고 있으며, 새로운 질서를 예고하는 아름다운 가능성을 열어 준다.

지은이 아너스 오르네 (1881~1956)

스웨덴 협동조합 운동 실천가이자 사회민주주의 이론가.

1910년, 스웨덴생협연합회 기관지 「협동조합인(The Co-operator)」 편집장으로 일하기 시작한 아너스 오르네는 1916년부터 스웨덴생협연합회 사무총장을 맡았다. 1920년, 스웨덴 최초의 사민당 정권인 얄마르 브란팅 정부에서 재무서 기관으로 일할 때와 얄마르 브란팅의 두 번째 정부에서 18개월 동안 통신교통부 장관을 지낸 때를 빼고, 오르네는 스웨덴생협연합회에서 15년 동안 일했다. 1920년부터는 국제협동조합연맹(ICA) 중앙 위원을 역임했다. 협동조합 운동의 비평가들은 아너스 오르네가 이 책을 씀으로써 스웨덴이 협동조합 사상과 이론의 지도에 확실히 자리매김할 수 있었다고 평가한다.

옮긴이 **이수경**

한국외국어대학교 아랍어과를 졸업하고 선문대학교 통번역대학원 한영과 1년을 마친 뒤 삼성전기 사내 통번역사로 6년 동안 일했다. 2012년부터 프리랜서 영어 번역사로 활동하면서 2014년에 영화 '로치데일공정선구자협동조합'을 번역했고, 현재 번역협동조합 이사장을 맡고 있다.

감수 **최은주**

생협과 공동육아협동조합 조합원으로 활동하면서 삶 속에서 협동조합과 인연을 맺었다. 협동조합 운동의 지속가능성을 실현하기 위해 어떻게 협동조합을 조직하고 경영해야 하는가라는 문제의식을 품고 성공회대학교 협동조합경영학과 박사 과정을 밟고 있다. 『사람 중심 비즈니스』(한울, 2012) 공동 번역에 참여했고, 성공회대 경영학부에서 회계학을 강의하고 있다.

스웨덴에서 협동조합을 배우다
전성기 스웨덴협동조합을 구축한 이론과 실제

1판 1쇄 펴낸날 2015년 3월 25일

지은이 아너스 오르네
옮긴이 이수경
감　수 최은주
펴낸이 장은성
만든이 김수진
인　쇄 대덕인쇄
제　본 자현제책
종　이 성진페이퍼

출판등록일 2001.5.29(제10-2156호)
주소 (350-811) 충남 홍성군 홍동면 운월리 368번지
전화 041-631-3914
전송 041-631-3924
전자우편 network7@naver.com
누리집 cafe.naver.com/gmulko